# しない家事

# はじめに

私は家事が苦手です。

料理・洗濯・掃除など、いろいろありますが、なかなかやる気が出てきません。

家事をする時間があるなら、ゴロゴロしながら本を読んでいたいし、子どもが昼寝をする横で私も一緒に寝たい……。

でも、おいしいものは好きだし、お洋服も好き。部屋は整っている状態が好きです。

私にとっての家事は、それら「好き」な状態を保つための作業という感覚なので、できる限り時間と心を割かずに済ませられたらなぁと思っています。


自分の暮らし方をよくよく見直してみると、今まであたりまえのようにしていた家事の中にも、しなくても済んでしまうことはけっこうあるものです。

それを踏まえて暮らし方を改めて考えてみたら、家族と過ごす楽しい時間や、自分のためだけの時間を捻出するために、「しない家事」を増やすことができれば、最高の時短になるということに気づきました。

あくまでも本書は、忙しい日々を家事だけに振り回されず、自分の一番やりたいことをやることがポリシーの私オリジナルの暮らし方の紹介です。

家事をやるのは、自分。暮らしているのは家族です。

あたりまえだと思っていた固定概念や、他人基準でルールを決めることが、必ずしも正解ではありません。

わが家の暮らし方を通して、「あっ、それ〝しない〟という発想もアリなんだ」と、ご自身の暮らし方を考えるときのヒントにしてもらえたら、こんなにうれしいことはありません。


子どもが小さかったり、働いていたりすると、アタフタしがちですが、毎日をもっと有意義に過ごしたい……。

本書を読んでいただいた方々の時間と心に、ゆとりが生まれることを切に願っています。

マキ

目次

2

# 時間に追われてアタフタしないために

3

# 楽しく台所仕事をするために

# 4 お手入れや掃除の手間を減らすために

5

# 私時間を充実させるために

子どもや夫に家事を分担してもらう工夫
もたつくことがあっても黙って見守る
夫婦関係にも気遣いが必要

## 人と自分を比べない

SNSをやめて得た解放感
「私の幸せ」を追求していきたい

# 1

# 毎日を豊かに暮らすために

# 「できる主婦」のイメージに縛られない

## 私もかつて縛られていました

夫と暮らしはじめた10年前、私は何もできない人でした。
レシピ本を見ずに作れるのは、野菜炒め。
洗濯は週に1回まとめて。シーツの洗うタイミングがわからない。
靴磨きなんてしたことがない。雑巾がけは大掃除のときだけ……。

昔は自分の体だけ心配すればよかったから、朝マック、昼ラーメン、夜居酒屋がけっこう普通で、食生活のことなんて本当になんとも思っていませんでした。

変化があったのは、結婚して長女を出産してから。

「バランスのよい食事がよい母乳を作る」など、はじめて聞かされる栄養学の知識をとり入れようと必死でした。

今まで家事をサボっていたから、何から手をつけていいかもわからなくて、赤ちゃんを抱えながら、「できる主婦とはどんな人か？」を探っていたと思います。

できる主婦になりたくて、毎日違うメニューに挑戦してみたり、収納グッズを買って持っているものを全部入れる努力をしたり、みんなが持っているならと流行っている赤ちゃんのおもちゃを手に入れてみたり……。

振り返ってみれば、その行為は決してムダではなかったと思いますが、自分という人間がなかったな、と思います。

次女を出産してから、シンプルライフ（※）を目指すようになったのですが、不要なものを手放し、今の自分に必要なものだけを残したら、自分の好みがはっきりとわかり、本当の自分というものが見えてきたように思います。



※私が考えるシンプルライフは、本当にお気に入りのものだけに囲まれた暮らし方です。

## 毎食手作りでなくてはダメ？

他人の目を気にすると、できる主婦を目指さなきゃと、がんばりすぎてしまいます。でも私は、自分という「ものさし」を持つことによって、とても気がラクになりました。

昔の私だったら、夫が会社帰りにお惣菜を買ってきたら「私の料理がおいしくないからかな」とショックを受けたと思います。

でも今は、「自分も食べられてラッキー♪」と思えるようになりました。

普段の食事は手作りするけれど、**土曜日のランチはカップラーメンの日があってもいい**と思っています。普段めったに食べないから、コンビニに買い出しに行くところから、家族で楽しめるのです。

人に流されずに、自分らしく生きるようになったら、できる主婦を目指そうなんて思わなくなりました。

自分は自分でしかないんです。できない自分を責める必要も、罪悪感を感じる必要もないはずなんです。

平日の晩ごはんには、手料理と一緒にお肉屋さんのメンチカツが並ぶことも。揚げものが得意ではないので、家ではほとんど作りません。自分が作るよりおいしいものについては、市販の出来合いのおかずを利用するのもアリだと思っています。

## 「抜くところは抜く」のが大切

1日の時間はみんな24時間です。

家事、育児、仕事まですべてを完璧にしようと思うとパンクしてしまいます。

限られた時間を、どうにかやりくりしなければなりません。

だから抜くところは抜く。

ある部分は切り捨てなければまわらない、と潔く割りきるようになりました。

普段子どものおやつはできる限り手作りを心がけていますが、市販のお菓子を出す日も。お皿に盛ると、食べすぎを防ぐことができ、見た目にも満足できます。

私の場合、たとえば3食のうち朝ごはんだけがんばって、あとは力を抜いています。大切なのは、どこに力を入れるかのバランスを自分で決めて無理しないこと。そして、**手を抜いている自分を責めない**ことだと思います。

自分の中で理想を高く持ちすぎて、「昨日と違う晩ごはんを作れない自分はできない主婦だ」などと思ってしまう方は、「ちゃんとやらなくちゃ」と自分を無理に縛らないことだと思います。

時間と経験を積めば、ある程度の家事は誰でもできるようになるものです。

それよりも、素直に甘えたり、笑える人のほうがよっぽど人間っぽくて、いいなと思います。

# 気のりしない家事には時間をかけない

## 洗濯も片づけもできる限り簡略化

1つやらないことを増やすだけで、今の生活がラクになります。

たとえば私の場合、時短したいから「しない」発想をしています。洗濯物を畳みたくないから掛けて収納したり、着替えることを1回で済ませたいからパジャマを持たずに部屋着と兼用したり、面倒な手間は極力かけないように、ムダを意識的に減らして時間短縮をしています。

実は、私にとって家事の9割は「気が進まない」ことです。

家事全般があまり好きではなく、しなくても許されるなら、やらないでいたいと思っています。

ただ、料理については、食は暮らしの基本と思っているので、手作りを心がけたいなぁと思っています。

けれど私は、決して料理が得意ではないので、野菜なら茹でるだけ、肉や魚なら焼くだけで済むような、調理法ばかり。

おいしい素材を買えば、シンプルな料理で十分おいしくなるからです。

一方で、私が好きな「したい」と思う家事は、シロップ作りなどの季節を感じる〝家しごと〟です。

そこには力を抜かず、興味がおもむくまま、とことん追求しています。

私の場合、この「したい」家事をするために、気が進まない家事を「しない」ことが多いのです。

## 大好きなシロップ作りで頭をいっぱいに

限られた時間を少しでも充実させるために、自分の中の「したい」ことと「気が進まない」ことをはっきりさせています。

そして、気のりしないことについては、できるだけ時間をかけず、迷わないようにするために最大限の工夫をしています。

日用品の買い出し、朝晩の食器洗い、出勤用の服装に着替える、などの気分があまりのらない項目は、あえてルーティン化して、やるべきタイミングでやっています。

**できるだけ考えなくてもやれるように習慣化しているのです。**

私の場合、「気が進まない」ことが家事の9割も占めているので、頭の中で考えていることの割合ぐらいは「したい」ことを多めにしたいと思っています。

だから気分がのらない洗いものなどは、手を動かしながら、たとえば「もうすぐ梅シロップができあがるから、その青梅で梅ゼリーでも作ろうかな」とか、「今年はへちまを使って何か作りたいなぁ」とか、自分のしたい〝家しごと〟のことを考えてやっています。

自分のやりたいことを常に頭の片隅に置いていると、気のりしない家事をしていても、さほど苦ではなくなります。

それを「いやだな。面倒くさいな……」と思いながらしていたら、すごく大変な気がします。

気が進まないことをしている間、頭の中はまったく違うことを考えていたほうが、きっと家事を嫌いにならずに済むんじゃないかなぁと思います。

## 目の前の作業に楽しさを見つける

たとえば洗いものをラクにしようと、一度の食事で使うお皿の数を減らしてみたからといって、きっと楽

洗濯の簡略化をいろいろ考えた結果、乾いた衣類は畳まず、ハンガーに掛けたままクローゼットに収納する方法にしています。

しい気分にはならないと思います。

家事を「やらなくちゃいけないもの」と考えている限りは、いくら洗いものの数を減らしたとしても、慌ただしい日々は変わらないような気がします。

結局のところ、**自分がどのように暮らしを楽しみたいのかを考えていないと、根本的には変わらない**のではないでしょうか。


さかのぼるとその考えは昔から持っていたようで、新卒で働きはじめて1年経った頃、当時仕事でお世話になっていた研修の講師から「お前は、広告代理店の営業じゃなくても、楽しんで仕事ができると思う。たとえトイレ掃除の仕事だとしても、楽しみを見つけてやれる人だと思うから」と言われたことがあります。

そのときは目の前の課題をこなすだけで精一杯で、「そうなのかな？」と半信半疑だったのですが、思い返してみると、周りの人たちが義務的に仕事をこなしているなか、私は苦しみながらも、小さな楽しみを目標に仕事をしていたような記憶がありま す。

この「工夫してどうにか楽しいことを見つける」という作業は、今の暮らしに役立っているように思います。単純な縫いもの作業でも、ついついこうしたらかわいくなるとか、早くできるなど、工夫しながら楽しんでやっている自分がいるからです。

毎日は楽しいことばかりではありません。

だからこそ、暮らしを楽しめるかどうかは気持ちの問題が大きいように思っています。

ありきたりの毎日も、自分が楽しめることをとり入れ、したいことを頭の中で考えるようにするだけで、魅力的なものにきっと変わると思います。

# 今必要のないものは持たない

## ものが多いから探したり迷ったりしてしまう

今では時短のために極力ものを減らしている私ですが、長女を出産して仕事復帰した頃は、仕事と家事と育児の3つを両立するためには、ものが必要だと思っていました。

ちょくちょく買いものには行けないから、食材や日用品をストックする。料理や掃除をラクにするため便利アイテムに頼る……。

その結果、家はものであふれ、必要なものがすぐに見つからなかったり、コーディネートに迷ったり、毎日が探す・迷うの連続で、いつもアタフタしていたような気がします。

4年前、次女を出産する頃になってから、本格的にシンプルライフを目指すようになりました。このアタフタした状況で、もうひとり生まれたらどうなってしまうんだろう……と不安になったことがきっかけです。

小さな子どもがいると、手がかかって掃除に時間を費やしていられないので、どうやったら掃除機をかけやすくなるかを考えたりなど、2年ぐらいかけて少しずつ不要なものを減らしていきました。

使っていないもの・今必要ではないものをなくしてみたら、探す・迷う時間が減って時短につながり、暮らしがうまくまわるようになりました。

持たない暮らしをするようになって「よかった」と思うことの1つに、慎重にお金を使うようになったことがあります。高価なものはもちろんですが、100円ショップで買うものすら悩んで考えてから購入するようになりました。

衣類の場合は、セールの衝動買いなど、中途半端なお金の使い方をしないようになりました。今では靴下1足でも買うべきかどうかを悩むほどです。

以前はスマホの画面を見ただけで、いいなと思ってネット購入をしていたのですが、1つひとつのものと向き合うようになってからは、お店で試着して、お店の人と会話してから購入するようになりました。

結果、買いものの失敗が減り、ものへの愛着が増したような気がします。

## 持たないことで増えた家族との時間

私にとって一番大切なのは、家族と過ごす時間です。

どうやりくりすれば、家事、育児、仕事を両立しながら、家族と一緒に楽しむ時間を増やせるかということを第一に考えた結果、必要最低限のものに囲まれた今の時短家事のスタイルになりました。

もちろんすぐにできたわけではなく、試行錯誤を経て、という感じです。

ムダがない効率的な暮らしをするようになると、毎日のアタフタが減ってきます。

ママが焦ったり怒ったりしているより笑顔でいる家庭のほうが、家族もうれしいですよね。家庭はママが幸せじゃないと、うまくまわっていかないと思うんです。

以前はミニ観葉植物が好きで、こまごました植物をたくさん置いていました。でも、今の暮らしをするようになってからは、いちばん大きくてお気に入りの観葉植物1つだけをリビングに残すことにしました。観葉植物はすぐにホコリがたまって不衛生だと感じていたのですが、1つだけだと手入れもラクです。

この暮らしをして一番よかったと思うことは、時間的なゆとりができたおかげで、心のゆとりが生まれたということです。ゆとりができたから、今は子どもたちとしっかり向き合えたり、好きな家しごとを楽しんだり、昔より子どもたちの食べるものにも気を配ることができるようになりました。

長女だけを育てていたときは、まだ余裕がなく、出前を頼んだり、市販の素を使って素材と和えるだけで済ませるなどの方法で時短していました。

気持ちにゆとりがないときは、そうしたものに頼っても、もちろん間違いではないと思いますが、今は、できるだけ手作りを心がけたり、基本調味料だけを購入して、めんつゆ（※1）や甘酢（※2）など自家製を使う工夫をして調理しています。

そのせいか、以前に比べて体質が変わってきたように思います。家族が健康になり、風邪をひきにくくなりました。

忙しければ忙しいほど、ものを管理することが難しくなります。私はものを減らしてみてはじめて、ものが多いと探す・迷うムダな時間が生まれやすい、ということに気がつきました。

※1 めんつゆ　レシピは103ページ参照。 ※2 甘酢　レシピは99ページ参照。

暮らしに必要のないものを減らしている今は、自由な時間が生まれて、以前より毎日が充実してきたなと感じています。

床にソファもテーブルも置いていない広々としたリビングだから、子どもたちも思いきり遊べます。

廊下にはものを何も置いていません。出かけるときや帰宅したとき、必ず通る場所がスッキリしていると、気持ちがいい。ものがないと、掃除機も一気にかけられます。

# 「選ぶ時間」を作らない

「どれを着よう」「何を作ろう」…迷いが動きを止める

忙しいと感じる原因は、迷っている時間が多いことにあるかもしれません。

今日はどの服を着ていこう？　今日の晩ごはんは何にしよう？　と日々考えることが頭を占領していないでしょうか。

忙しい日々の中で、私はこれらのことを考えるのがとても苦痛です。

若い頃は「今日はデートだから、何を着ていこうかな？」とルンルンしながら迷い、それに合わせてヘアスタイルやアイシャドウの色まで変えるのを楽しんでいました。

それは、自分のことだけを考えればよくて、迷うことに費やせるほど時間があり余っていたからです。

でも、子育て中の今は、考えなければいけないことと、決断すべきこと、やるべきことがたくさんあります。

大きいことや重要なことは、あえて考え迷うべきだと思いますが、日常のとても小さな迷いは、なるべく排除したいと思っています。

だから迷いが生じやすい作業に関しては、考えたり迷ったりして停止してしまう時間をなくすために、必要最低限のものだけ持つようにしています。

たとえば毎日使うメイクアイテム。私は、1枚の名刺ケースにまとめてカスタマイズしています。

アイシャドウやチークの色を2色以上持つと、今日はどれにしようと考え迷うことになりますが、自分に似合う1色のみを持つと、迷わずに済みます。

名刺ケースをメイクパレット代わりに。左からファンデーション、チーク、アイブロウ。光沢のある素材なので鏡代わりとしても使えます。1つにまとめることで、アイテムごとにケースを開閉するムダもなくなります。

## 洋服も献立もパターン化でゆとりが生まれる

以前はよく考えたり迷ったりして、たくさんの時間をムダにしていました。

今でも停止してしまうことがあるので、日々反省しながら、なるべく考えたり迷わないようにルールを決めています。

たとえば通勤服や部屋着は、季節のはじめに2種類ずつ色違いでそろえ、毎日交互に着る、という仕組みにしています。

ホワイト系とネイビー系はシーンを選ばず使え、どんな色にも合わせやすいので重宝しています。手前から順に、長袖TシャツはMHL.（エムエイチエル）、長袖ニットはGYMPHLEX（ジムフレックス）、半袖ニットはLe Tricoteur（ル・トリコチュール）のもの。

わが家では毎日、洗濯することにしているので、2枚持つと否が応でも、今、洗濯していないほうを着ることになり、服選びの迷いがなくなります。

米オバマ大統領も、ほぼ毎日グレーか青色のスーツを着ることで知られています。何を着るか迷うよりも、より重要で一番優先したいところに時間や労力を費やしたいと考えて、服装を変えないでいるようです。

私の場合は、服装を制服化して服選びの時間をうかせることで、毎朝少しゆとりを持って子どもの支度を手伝えている気がしています。

# 家事の中断をストレスに感じない

## 子どもがいると思い通りに進まないことだらけ

育児をしてはじめて、自分の思い通りに物事が進まないことを痛感しました。

仕事のときは、相手が大人なので、交渉すればなんとなく思った方向に進ませることができます。

でも、話の通じない子ども相手に、日常の小さなことで私の意見が通ることは少ないなぁと痛感します。

今日も、朝ごはんに出した自分のぶんのソーセージは、見事に次女にとられましたから（笑）。

子育てでは自分の意思とは関係なく、夜中に泣き声で起こされます。2人とも生まれてから2年ぐらいは夜泣きをしていましたし、夜泣きがおさまったと思えば、必ず夜中に動くので、隣で寝ている私は、寝相の悪さに何度も起こされてしまいます。もう慣れましたが、長女を産んでからの8年間以上、「今日は熟睡したな〜」と思える日は数えるほどしかないかもしれません。

睡眠を邪魔されるのはもちろんなのですが、家事もよく邪魔されます。集中してやろうとしても、子どもに話しかけられるので、中断されることがあたりまえです。

子どもと過ごすときは、はじめから物事は自分の思い通りに進まないと思って、割り切ってやることが、精神的にもラクになれるかなと思います。

きっと仕事をする上で完璧主義はメリットなんでしょうけれど、育児をする上ではデメリットだなぁと思います。だから、私は**家事はほどほど、大いに〝やりっぱなし〟**をしています。

## 家事は細かく分けて少しずつ片づける

子どもがいると、用事がひと段落してからとりかかろう……なんて思っても、ひと段落することすら怪しい。

むしろ用事の最中に、「牛乳をこぼした」「ママ、音読の宿題聞いて」など、新しい用事が入ってくることがざら。

そう考えると、たとえば「洗濯物をとり込む」→「仕分ける」→「クローゼットにしまう」までの一連の作業を一気に終わらせようと思っても、まとまった時間をとるのは難しかったりします。

そこで、平日ルーティン化している家事の工程をすべて分解して考えるようにしています。

今の洗濯物の例の場合、洗濯物をとり込む→（子

### ●分解できる家事の一例

①洗濯物を干す

洗い終えた洗濯物をリビングに運ぶ → ハンガーやピンチに干す → ベランダに移動させる

②お味噌汁を作る

鍋に水と出汁パックを投入 → 野菜を切る → 沸騰した鍋の中に野菜を投入 → 味噌をとく

③食後の片づけ

お皿を下げてシンクに移動 → 食べ残しを冷蔵庫にしまう → お皿を洗う → 拭きながらお皿をしまう

どもからお便りをもらう）↓洗濯物を仕分ける↓（お風呂に入る）↓（脱いだ洗濯物を洗濯機に入れてスタートボタンを押す）↓（ドライヤーで子どもの髪を乾かす）↓クローゼットにしまう、というように一連の作業工程を切り離すことで、作業の合間に他のことを組み込んで同時進行できるようになるのです。

調理中、子どもに呼ばれたら、食材が切りっぱなしの状態でも、ほったらかしで場を離れます。たとえコーヒーを飲んでひと息ついていたとしても、子どもはおかまいなしに私を呼びます。

家事工程を分けておくと、途中で子どもに邪魔されたり、子どもが思い通りに動いてくれないときにも、中断したり、途中から再開しやすくなるので、さほどストレスを感じません。

たとえば、子どもをお風呂に入れて着替えさせる一連の作業も、一筋縄ではいきません。なんであんなにすっぽんぽんが好きなんだろうと思うほど。私が「着替えて」と3回ぐらい言わないと着替えてくれません。「オオカミに食べられちゃうよ！」とでも言わない限り、1回でその通りに動いてくれることなんて皆無に等しい。正直、オオカミ効果もいつまで続くかわかりません。

そんなときはいったん離れて、その間に洗濯物を仕分けたり、他の家事に手をつけたりしています。

## 〝やりっぱなし〟でも気にしなくていい

〝やりっぱなし家事〟は、だらしないと思われるかもしれません。

でも、小さい子どもを抱えながらそんな悠長なことは言っていられません。隙間時間を見つけたら、あえて中途半端に手をつけるようにしています。やりかけておくことで、**やらざるを得ない状況に自分を追いやれる**のです。

子どもといると、気をとられることばかりなので、ちょっとだけ手をつけて放置しておくと、通りかかったときに目に入り、「あ、途中だった!」と思い出せます。

少しでも進めておくことで、あとがだいぶラクになるんです。

子どもが小さくて手のかかる今は、寝る時間までにすべての家事が終わっていればいいかなと割り切って、気軽に考えるようにしています。

とり込んだ洗濯物は、ピンチハンガーごとクローゼットの前に持って行き、その場で衣類を外して床に放置。寝る前までに、片づけられるタイミングをみて、しまっています。

# 家族のためばかりに生きない

## 合わせすぎて自分のペースを失っていませんか？

家族のために、家事をやるのって限界があると思っています。

そもそも私は器用じゃないので、子ども用と大人用のごはんを分けて作れません。

本当は、「今日1日お疲れ様」という意味も込めて、家族の好きな晩ごはんを作ってあげるのが理想なのかもしれません。

でも、よく考えたら小学校のときの給食って、本当にいろんなものが出たなぁと思います。好きなものばっかりでテンションが上がる日と、嫌いなものばっかりで何を食べようと悩んだ日と。

給食ではいろんなものが出てくるので、食わず嫌いだっただけで実は食べられるものがあったり、本当に口に合わないものがわかったり、少なからず食べながら学んでいたと思います。

家の晩ごはんもそれでいいんじゃないかなと思っています。毎晩、夫や子どもの好きなものばかり並べていたら、特別な日がスペシャルでなくなってしまうし、何より自分が疲れる。

人のために作るのは、うれしい反面、料理が得意ではないと、いつも上手にできるとは限りません。

仮に家族が好きそうなものを作って残された日には、「なんで?」という当たりどころのない怒りと、疲れが出てしまう気がするのです。

だから、基本的に自分がラクできて、家族に食べてもらいたいなと思うメニューを作ります。

私の母直伝の餃子は、家族みんなが大好きなメニュー。

ときには食べたいメニューを聞くなど家族への配慮も忘れませんが、気兼ねせず、少し自分勝手かなと思うぐらいのスタンスで暮らしているので、気分が上がらない家事をしていても、まったくストレスがありません。

自分中心の考え方で割りきることも、よけいなストレスをためずに過ごすためには大切なんじゃないかなと思っています。

## 私のためだけに作るりんご酢という贅沢

今、家しごとの中で一番楽しいことは、「お店で売っているものを家で手作りする」ということです。

たとえば「りんご酢」。私以外誰も飲みません。

自分のために、自分が一番やりたいこと、楽しめることを週末の隙間時間にやるのです。「家族のために」という考えなら、わざわざりんご酢作りはしないと思います。

私がりんご酢をはじめて飲んで、そのおいしさに感動し、市販のりんご酢を買っていたのは10年前です。

りんご酢のレシピ
【材料】りんご2個、氷砂糖500g、お酢（千鳥酢）500g
【作り方】清潔な密封できる保存瓶に、カットして芯をとったりんごと氷砂糖を交互に重ね入れ、最後にお酢をまわしかけ、約3週間放置。時々、瓶を振ります。氷砂糖が溶けたら、スカスカなりんごをとりだして完成。

また体のために飲みたいなと思い、お店で見つけたのですが、「ちょっと待てよ。この材料なら作れるかも」と原材料を見てひらめきました。

それからは、おいしい作り方の手順やコツを本やネットで調べたり、りんごや氷砂糖、酢を用意したり、その工程もワクワクしながら楽しみました。

週末に「作ってみようかな」と思い立ち、作り方を調べて、材料をそろえるために買いものに行ったりすると、それだけで疲れて結局作らないで終わってしまいます。

でも、すでに手順が頭に入っていて、材料が家にそろっていたら、自然とやりたくなってくるものです。りんご酢だったら、ものの5分で作れます。

一度作ってみると、意外と簡単だったし、市販品よりおいしかった。

こんな小さな感動を日々積み重ねていけると、暮らしがどんどん満たされて、前向きな気持ちに変わってきます。

家事、育児、仕事に追われていると、いつのまにか自分がしたいことや今一番大切にしたいことを見失ってしまうことがあるかもしれません。

でも、自分が前向きになれることは何か、自分が大切にしたいことは何かを常に頭において、実際に手を動かしてみると、たくさんの発見があることに気づきます。

自分の好きなこと、やってみたいことを、がまんせず暮らしにとり入れることで、毎日の暮らしが、より豊かで充実したものになると思います。

左手前から時計まわりに、オレンジピール、イチゴジャム、イチゴミルク、ガリ（生姜の甘酢漬）、塩レモン、イチゴのコンポート。どれも手作り。

# 2

# 時間に追われて アタフタしないために

## 毎日の生活リズムを変えない

### リズムが一定だとバタバタしなくて済む

赤ちゃんが産まれたときに、「規則正しい生活リズムで過ごしてください」と産院の指導を受ける方は多いのではないでしょうか。

毎日同じ時間にカーテンを開けて目を覚まさせ、決まった時間に沐浴をする。そうすると、だいたい寝る時間が決まり、同じ時間にお腹が空くなど、赤ちゃんとの生活リズムがなんとなくつかめてくる。

この時間は昼寝をするから、今のうちにお皿を洗っておこうとか、夕方は機嫌が悪くなることが多いから散歩に行こうとか。

赤ちゃんと会話ができなくても、毎日のリズムが同じになってくると、先の見通しがつきやすくなった経験をお持ちのママは多いと思います。

これは赤ちゃんに限ったことではありません。まだ自分のことがコントロールできない子どものうちは、「親が生活リズムを守る」ということが、日々バタバタしない秘訣だと思っています。

## 平日は帰宅時間を厳守

わが家の場合、平日はほぼ同じスケジュールで動いています。仕事をしているので退社時間が毎日同じというのもありますが、帰宅時間は17時厳守としています。

以前は、何の考えもなしに、食材が足りなくなったら会社帰りにスーパーに寄っていました。

でも気づいたのです。スーパーに寄らない日のほうが、家事がスムーズにはかどることに！

なんとなくですが、会社帰りのスーパーって焦りませんか?

子どもがいるとお迎えの時間が迫っているから、吟味して食材が選べず、買いものが全然楽しくないのです。

そして、少しでも空いているレジに並ぼうと、ちょっと気を張ってしまう。超特急で買いものをしても、なんだかんだで20分はロスしてしまうんですよね。

帰宅してから夕方の家事がスタートするわけですが、**仮に帰宅時間が20分遅れると、自ずと晩ごはんが20分遅れる**わけです。

すると、お腹を空かせた子どもたちの機嫌がたちまち悪くなってしまい、家事が思うように進まなくなってしまう。

だから、「帰宅時間」=「家事スタート時間」は厳守しています。

私の場合は週1回まとめ買いですが、毎日買いものをするというやり方でも全然アリだと思います。

私がイレギュラーだと思うのは、今日はスーパーやドラッグストアに寄ったがゆえに、家事スタート時間が遅れたという日を作ることです。

## ●平日のタイムスケジュール（起床〜就寝まで）

6:50　起床

7:00　朝ごはん&お弁当作り

7:20　夫・子ども起床。朝ごはん

7:45　朝ごはんの片づけ。キッチンでメイク

8:00　長女登校。部屋を整える

8:25　出勤。夫と次女3人で家を出る
次女を保育園に送り届けるのは夫の役目。通勤中は貴重なひとり時間

9:00　勤務開始

16:00　退社

16:30〜40　ウィンドーショッピングで気分転換

16:50　次女、続いて長女お迎え

17:00　帰宅

17:20　晩ごはん作り。洗濯物とり込み

17:50　子どもと学校の準備

18:00　子どもと入浴。洗濯機をまわす

19:00　夫帰宅。晩ごはん

19:30　洗濯物干し。晩ごはんの片づけ

20:00　子どもと遊ぶなど自由時間

21:30　子どもと就寝

それが、スムーズに家事が進まなくなる原因なんじゃないかなぁと思うのです。

平日の帰宅時間を毎日同じ時間にすれば、もう家事のルーティン化は半分成功したようなもの。あとは、決めた家事をひたすら順番にこなすだけだと思っています。

## 「3日に一度の洗濯」より「毎日の洗濯」のほうがラク

〝平日は毎日同じ家事をする〟というのも、考えずに家事をこなせるポイントかもしれません。

なぜなら、「今日は何の日だっけ?」と思い出すだけで、一瞬でも手と頭が止まるからです。今日はアイロンがけの日、ガスコンロ掃除の日、リネンを漂白する日……など、日によってやることを変えると、覚えておくだけで大変です。

以前のわが家は、洗濯を3日に一度していました。ラクできる日は2日あるけれど、洗濯の日は苦痛でした。

まず、「今日は洗濯の日だっけ?」と思い出すことからはじまり、3日ぶんのたまりにたまった洗濯物をひたすら干す作業は重労働。ベランダの端から端まで洗濯物が所狭しと並び、畳むのも、しまうのも大仕事。枚数が足りなくなることを心配して、洗い替え用に下着や子ども服をたくさん持っていて、収納もパンパンでした。

一度にまとめて洗濯をすれば、他の曜日に違う家事ができてラクできる。そんな考えから3日に一度というスタイルにしていましたが、毎日洗濯する今のほうが断然ラクです。

そんな経験から、**平日はイレギュラーなことはせず、毎日同じリズムで同じ家事を繰り返しする**ようになりました。

平日は毎日決まった時間に、子どものお迎えに向かいます。

# 平日の朝は最低限のことしかしない

## 1日のスタートに手のかかる家事はしたくない

朝時間の使い方は、仕事復帰する上で一番悩みました。

長女の仕事復帰のときは、ちゃんとできるか不安で、朝5時に起きて、8時すぎに家を出るまでにどれぐらいのことができるか予行練習までしていたほど。

当時1歳になりたての長女をおんぶしながら朝から掃除機をかけてみたり。

「はぁ〜、これじゃ会社に行く前から疲れちゃう」とため息をつきながら、自分にとっていい方法がないか試行錯誤していました。

そして辿り着いたのが「朝は何もしない」という今のスタイル。

## ●朝しないこと

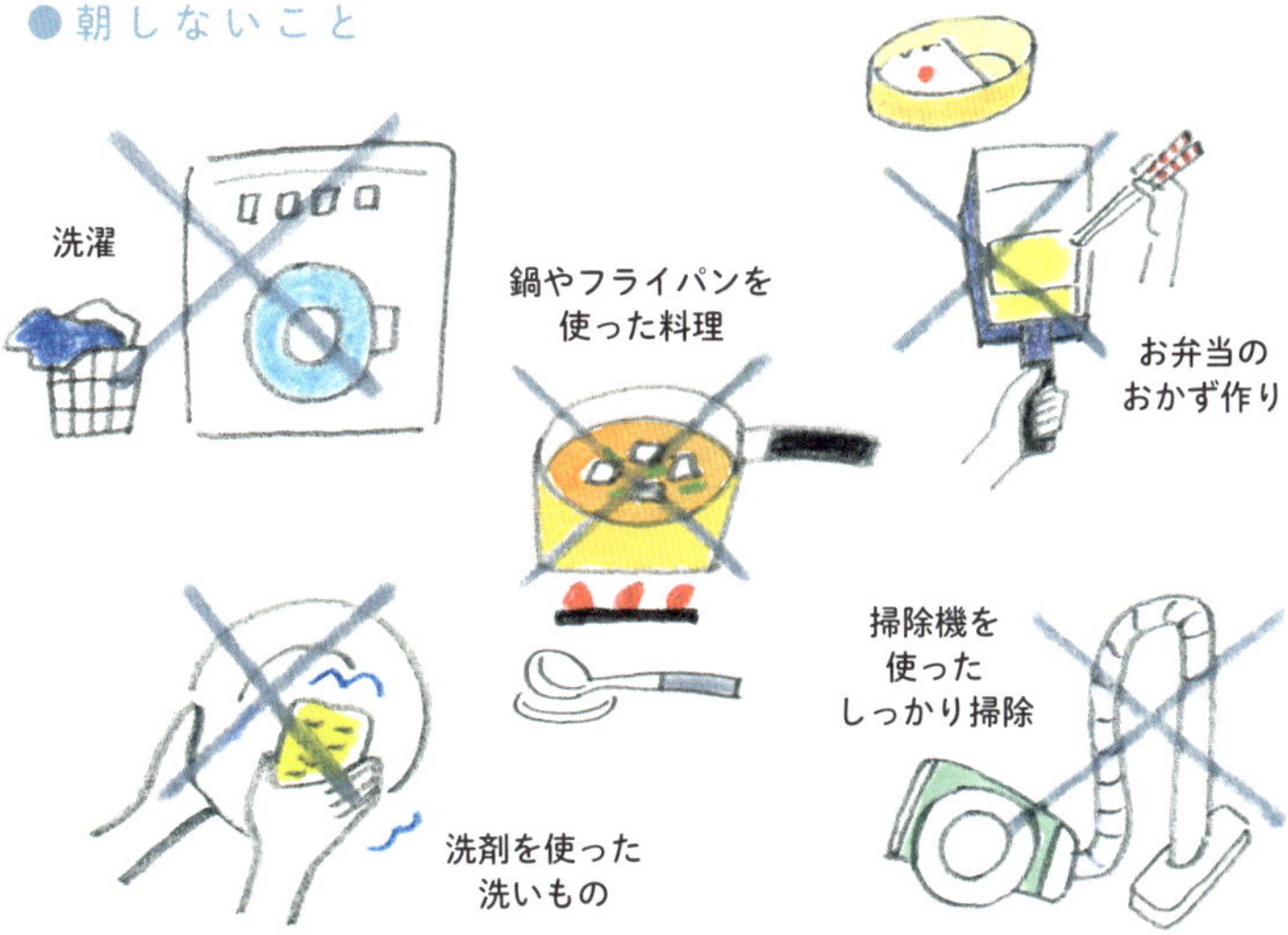


朝しない家事は、次の5つです。

①洗濯機をまわして干すこと――夜に、洗濯機で「洗う」からベランダに「干す」までやります。

②火を使った料理――朝ごはんは冷蔵庫に入っているものを盛りつけるだけなので、鍋やフライパンなどの大物調理器具を使いません。

③お弁当のおかず作り――前晩、曲げわっぱにあらかじめごはんを入れておき、冷蔵庫や冷凍庫から出したおかずを詰めるだけ。

④スポンジを泡立てる洗いもの――朝ごはんは常備菜を盛りつけるだけにし、油ものを極力カット。洗剤なしで汚れが落とせる和紡布で、木製ワンプレートをさっとなで洗いするだけなので、すすぎに時間がかかるモコモコの泡洗いは必要ありません。

⑤掃除――テーブルの上だけをきれいに拭けたらOK。少しぐらいの食べこぼしは見なかったことに。あまりに汚れがひどかったり、時間があるときは、掃除機をかけることもあります。

その他、動線を見直したらキッチンで立ったままメイクしたほうが早いということに気がつきました。

お弁当のおかずは、週末に作った常備菜や、昨晩の残りもの。

毎朝シンクで洗顔をしたあと、その場でスキンケアとメイクをしています。

スキンケア用品やメイク道具をシンク周りに収納し、メイクのために寝室のドレッサーの前に行く時間さえ省いてしまいました。

また、仕事着を毎日交互に着ることに決めて、朝から「今日は何を着て行こう」と迷う時間を省きました。

会社は仕事をしに行く場所であって、デートに行くわけではないんですよね。だから洋服を選ぶルンルンした気持ちを省きました。

## 朝ごはん作りと洗いもの、部屋のリセットだけ

いろいろと省いた結果、私が朝する最低限の

通勤服のコーディネートは色違いを交互に。

家事は次の3つ。

①朝ごはん作り――朝ごはんを盛りつけ、子どもたちと一緒に食べます。

②洗いものと食器拭き――朝ごはんはワンプレートと決めることで、洗いものがグンと減りました。さらに木製だと、多少雑に扱っても割れる心配がないので、気を遣わずに洗えます。洗いものの数が少ないので、洗って全部拭き終わるまで、ほんの数分で終わります。

③部屋のリセット――仕事から帰ってきたときに気持ちがいいように、リビングに散らかっている子どもが遊んでいたおもちゃをささっとカ

●3分でできるワンプレート朝ごはん

・スライス済みのパン
・グリルで焼いたソーセージ
・切っただけのキウイ
・洗っただけのミニトマトとさくらんぼ
・イチゴのコンポートをかけたヨーグルト

彩りのよいフルーツがお皿に乗っているだけで、ちょっぴりテンションup。ソーセージを焼くためのグリル皿にグリル敷石を敷いておくと、使ったあと毎回洗う必要がないので便利。

朝ごはんのあとに洗うものは、ひとり1枚のお皿とコップ、最低限のカトラリー、メニューによってはヨーグルトカップも。

ゴに入れます。

まずは本当にしなければいけない最低限の〝する家事〟を見極めて厳選。それから、それ以外の家事を違う時間や違う日にまわせないかと疑ってみる。

このように、どうすれば家事がうまくまわるのかを考えることが、ゆとりを持って過ごせるようになるポイントかもしれません。

# 時計を気にしてチラチラ見ない

## 家事がルーティン化すると時間通りに終わる

平日はルーティン化した家事を順番通りやるだけになっているので、家であまり時計を見ることはありません。

なぜならスタート時間（起床時間と帰宅時間）が決まっているのと、各家事の所要時間がおおよそ決まっているので、〝寄り道〟をしない限り、時間通りに終わるようになっているからです。

〝寄り道〟とは、座ってゆっくりしたりお茶を飲んだり、テレビやスマホを見る時間ということです。

ちなみに私の場合、平日朝と夕方～20時までの家事終了までは、この〝寄り道〟時間がほとんどありません。

私が平日していることは、朝5つ、夜5つの計10個だけ(68ページ参照)。

本当に最低限の家事しかやりません。

この10個のことを毎日繰り返していると、1つあたりの所要時間が大体同じぐらいになります。毎日、交互に着る洋服のおかげで洗濯物の枚数もほぼ同じ、食事で使うお皿を定番化しているので、食後に洗うお皿の枚数もほぼ同じ。

だから、各家事にかかる時間が自ずと同じぐらいになるのです。

平日はほとんど買いものに行かないので、帰宅時間もほぼ同じ。決まった時間に決まった家事をスタートしているので、時計を見る必要がないのです。

もし今日は残業をして……など帰宅時間がばらばらだと、毎日のスケジュールがくるって、同じようには動けなくなります。

平日に焦らないコツは、毎日覚えられるだけの決められた家事しかしないことだと思います。

## ●朝していること

朝ごはん作り

お弁当作り

身支度

洗剤を使わない
洗いもの

部屋のリセット

## ●夜していること

晩ごはん作り

お風呂

洗濯

洗剤を使った
洗いもの

部屋のリセット

ちなみに、わが家の場合、お風呂掃除は夫が担当し、それ以外の掃除、シーツや子どもの靴などの洗濯、クローゼットの整理、ストックの補充など、ちょっと手間と時間のかかる家事は、週1回、休日にまとめてやるようにしています。

縫いものやストックの補充など緊急を要しないものは、休日まとめてやって、平日の家事のタスクにイレギュラーなことが入りこまないようにしています。

## 時計を見ると焦ってしまう

朝、子どもを起こす時間と、小学校に送り出す時間だけは決まっているので、

そこだけは時計を気にしていますが、それ以外は、ほぼ時計を見ていません。

時計を見ると、焦ってしまうことが多いので、家にいるときぐらいは時間を気にしたくないなぁと思っているのです。

時計を見ないメリットは精神的に大きくて、**見ないからこそ、目の前の作業にも集中できる**気がします。

もしかしたらチラチラ見る時間自体もムダ?なんじゃないかなとすら思っています。


基本私は、スピーディーに動けません。だからいつも5分前行動を心がけています。

会社に出かける時間も5分前。そうすれば1本早い電車に乗れるし、もし乗り遅れたとしても会社に遅れることがほとんどないからです。

電車に乗り遅れそうで、朝から走ることほど1日の疲れがどっと出ることはないと思っています。

ちなみに夫は10分前行動。私はまだまだ、その領域にいけません。

# 今しなければいけない以外のことをしない

## 「〇日までにできればいい」を見える化してみる

終わりよければすべてよし！　という言葉があるように、寝る前までに終わっていればいい、日曜日までにリセットできていたらいい、月末までにやっておけば大丈夫といったことが〝見える化〟していれば、今日絶対やらなければいけないことが、案外多くないことに気づくと思います。

いつもアタフタしている……という方は、今自分が一番何をしなければいけないのかを理解しないまま、やみくもにがんばり続けてしまっているかもしれません。私も、かつてそうでした。何もかもが重要だと思ってしまうのです。

そんな方は、一度、自分がやるべきことをすべて書き出し、全体を把握してみてはいかがでしょうか。それからその中の優先順位を決めて、「最低限やらなければいけないこと」「時間があったらやりたいこと」「週1回でも問題ないこと」で分けてみる。

すると、しなければならないことと、やらなくてもいいことが客観的にわかり、**冷静に今やるべきことを判断できる**ように思うのです。

「あれも、これもやらなくちゃ」とアタフタすることもなくなり、結果、スムーズに家事をこなせて、もっとゆとりある時間を過ごせるんじゃないかなぁと思います。

## スケジュール帳で優先順位を決められる

私の場合、仕事とプライベートのスケジュールは、1冊の手帳で管理し、いつでも全体を把握できるようにしています。

スケジュールを書き込む手間は面倒に思えるかもしれませんが、予定を意識できるので大切な作業だと思っています。

その手帳には、自分の予定以外にも、夫と子どもたちの予定も記入しています。

子どもがいると、保育園や小学校の行事、保護者会、ＰＴＡの集まりなど、ちょく

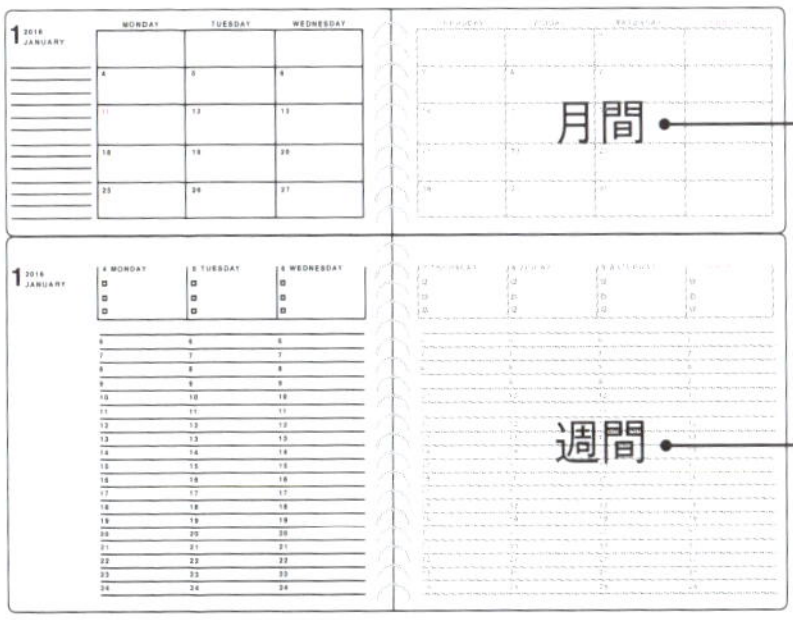


プライベート中心で、家族の予定も記入。学校や保育園の年間スケジュールが出たら、一気にすべて書き込んでいます。

仕事の予定が中心。縦の時間列を使って1日のスケジュールを書き込んでいます。

月間と週間で上下に分かれた手帳は、コクヨのCampusダイアリー。上の月間予定を確認しながら、下の週間予定を書き込めるので、予定が確認しやすく便利。仕事とプライベートを分けたかったので、月間、週間が分かれている手帳を選びました。

ちょく予定が入ってくるので、把握しておかないと仕事にも影響が出てきてしまうのです。

子どもの行事予定が平日で、重要な仕事とバッティングしてしまったときは、夫に協力をお願いしています。

もし夫の協力が得られない場合は、どちらかの参加自体をあきらめます。会社の新年会や忘年会、送別会など夜の行事は、夫が早く帰ってこられないようならば参加しません。

また、仕事を優先したい場合は、保護者会などの行事を欠席します。

仕事のアポイントの内容や、参加メンバーなどにより違いますが、自分の中で大切にしたい優先順位が明確に決まっているので、迷わず割りきることができます。

**割りきることに罪悪感を持たない**こともポイントかなと思います。

お互いの実家が遠方ということもあり、両親の協力を得ることはできていません。

共働きだといろいろ大変ですが、なんとか乗りきっています。

# 家では外のことを考えない

## ワーキングマザーがストレスをためないために

家庭に仕事を持ち込むことにメリットを感じたことがありません。

家に帰ってからも、仕事のことが頭にあるだけで、夫や子どもとの会話がうわのそらだったり、いつもより家事をこなすのに時間がかかったりして、結局、家庭の中がうまくいかなかった気がします。

仕事と家庭、両方バランスよくやるなら、やっぱりどこかでオンオフをつけることが肝心だと思います。

ひとり目の出産のときに、保育園のお迎えの時間というタイムリミットのおかげで、だいぶ仕事を効率的にこなせるようになったと思います。

でも終わらない仕事は、家に持ち帰って、夜や休日によくやっていました。

結果、休日に本当はやらなくてはいけない掃除や片づけなどを翌週にまわしたりして、家は整っている状態とはほど遠かったと思います。

「これは自分の意識の問題だ」と気づいたのは2人目が生まれたとき。

だから、「仕事は家に持ち帰らない」というルールは、私が2回目の仕事復帰をしたときに決めました。

## 両立にはオンオフの切り替えが肝心

私は現在、時短勤務で一般企業に勤めさせてもらっていますが、16時がタイムリミット。だから9時～16時までは、ほぼノンストップで目の前にある仕事のことだけを考えています。ランチタイムでさえ、家族の顔を思い浮かべることはありません。

保育園や学校から熱が出たという呼び出しで現実に引き戻されるぐらいです。


**時間内には、なにがなんでも仕事を終える、というノルマを課して、自分を追い込むこ**

とで、ほどよい緊張感と集中力が生まれ、仕事で最高のパフォーマンスを出しきることができる気がしています。

だから、一歩会社を出たら、一切仕事のことを考えなくて済むのだと思います。

日々の仕事ですべきノルマをやりきっておくと、帰りの電車に揺られている間に家庭モードに切り替わるから不思議です。

平日20時には家事をすべて終わらせて、家族みんなでダイニングテーブルについて団らん。長女は宿題をやったり英語カードで勉強。次女はおもちゃ遊び。夫は晩酌しながら子どもの勉強をみる。私はお茶をしながら雑誌や本に目を通します。就寝時間の21時頃まで、めいめいが好きなことをして過ごします。

# 子どもからの声かけだけは後まわしにしない

## 「ママ来て」にはすぐこたえるのが結局早い

私にとって今大切なことは、「子どもの話に耳を傾けること」です。

これは自分で、まだまだできていないなと感じているから、意識してやり続けたいことです。


家事をしているときに子どもから話しかけられると、今までは忙しいときほど耳だけを傾け、目と手は作業したままということがありました。

でもそれだと、子どもは私の意識を自分に向けたがり、話が長くなったり、甘えてきたりと、ややこしい状況になりがちでした。

たとえば、目と手が作業したまま話を流すように聞いていると、「ママ、ママ？　ねぇ聞いて？」と何度も同じことを言ってきたり。

「ちょっと待ってて〜」なんて言ったもんなら、手を引っ張られて連行され、いろんなことに巻き込まれかねません。

そこで、**なるべく手を止め、目を合わせて話す**ようにしたら、すべてがとてもスムーズに進むようになりました。

家事を中断して子どもの相手をするなんて、とても時間がかかってしまいそう……と思われるかもしれません。

でも、子どもは一瞬だけでも、自分に目を向けてもらった感覚を味わいたいんだと思います。だから、忙しいときほど、わざと顔を近づけて、「なになに？」とのぞき込むように話を聞くことにしています。

それだけで、子どもの満足度がかなりアップし、案外、短時間で「かまって〜」が終わることが多いのです。度がすぎると、「ママもういいよ、しつこい」と勝手に離れていくこともあります（笑）。

たとえば、フライパンで料理をしているときに、「一緒にぬり絵やろう」と言われたら……。

料理に集中していたりすると、「今、目を離したらコゲる！」と焦ってしまうこともあるかもしれません。

でもそこで、「ちょっと待ってて」ではなく、いったん火を止めて、「いいよ～」と誘いにとりあえず乗っかってみる。

きっと子どもはママとぬり絵をやりたいわけではなく、ママが自分を優先してくれるかどうかを試しているだけな気がします。

一緒にぬり絵をして、本人の気分が乗ってきたら、そっとフライパンのところに戻

食事を作っているときは「ごはん」よりも「子ども」を優先。「あとでね」「ちょっと待ってて」とは言わず、子どもと一緒にしゃがみこんで相手をするようにしています。

るのです。

子どもとのやりとりを後まわしにせず、「すぐ反応する」ように心がけたことで、子どもがすんなり動いてくれるようになり、ずいぶんと時間の使い方がコントロールできるようになりました。

## 重要なことほどその場で対応

これは仕事もまったく同じで、手間がかかりそうで大変そうな作業ほど、ため込まないようにサクッと処理することを心がけています。

たとえば、締め切りのあるものは、見た瞬間にその場で書いたり返信したりして、すぐに自分の手元から放すようにしています。

ミーティング中のお題は、話を聞きながら求められていることをその場でだいたいまとめてしまい、デスクに持ち帰らないようにしたり。

締め切りがちょっと先で、考えなきゃいけないお題であれば、直前に焦って考えるのではなく、いったん手をつけてみて、なんとなく似たような情報をインプットしておき、締め切り直前にまとめるだけにしておくと、気持ち的にもだいぶラクになるということに気がつきました。

私にとっては締め切り日を覚えておくことだけでも大変な作業です。

だからこそ、わざわざ締め切り日まで引っ張りません。その場で一瞬で処理して自分の手元から離すだけで、精神的にずいぶんラクになります。

学校や保育園からのお便りも、もらったその場で目を通し、必要のないプリントは、即処分。提出物は後まわしにせず、すぐに記入しています。

それだけで、「あれもやらなきゃ、これも書かなきゃ」という夢に出てきそうな気の重い呪縛から逃れられ、気分よくすっぱり忘れられるのです。

「どうしよう?」という小さな迷いの塊が、大切なことをかすませることだってあると思います。

自分にとって重要度の高いものほど「すぐ反応してやる」ことで、心のモヤモヤがなくなり、日々スッキリ過ごせるようになるなぁと感じています。

# 「早くして！」と言わない

## 慌ただしい朝や夕方は、つい急かしてしまうけれど…

平日の朝や夕方は、とくに時間に追われて、心のゆとりを持てないことが多いのではないでしょうか。

私も以前は、平日バタバタしてしまい、子どもに優しくできないことが多々ありました。「早く着替えて！」「ほら、靴履いて！」など、子どもを急かしてばかりだったと思います。

そんな自分がいやで、常備菜作りや先手家事などの工夫をするようになりました。

それでも、子どもが言うことを聞いてくれないときなどは、困り果てる日もあります。

そこで、時間がないときや、いやがられることがわかっていることは、前倒しで声をかけるように心がけています。

わが家の場合、長女は自分でできるのでさほど関与しませんが、次女の場合は、着替え、仕上げ歯磨きなどを手伝っています。

2人とも自分から進んでやるタイプではないので、あらかじめ早い段階から「そろそろ歯磨きの時間だよー」と声をかけるようにしています。

いったん声をかけて、5分ぐらい時間をおいてから、もう一度声をかけ、それでもやらないときは、「次3回目だよ」などと言うようにしています。

テレビに集中していて準備しようとしないときは、5~15分ぐらいの短い番組やビデオを見せて、「これを見終わったらちゃんとやろうね」と声をかけています。

子どもも、「これが終わったらやらないといけない」という心づもりで見てくれるので、延々とテレビを見続けることはありません。

「そろそろだよ」と早めに声をかける

言葉の選び方でストレスは、だいぶなくなる気がしています。

**感情的な言葉を使ってしまうと、いくら家族とはいえ動いてはくれません。**

たとえば怒り方でも、「早くやりなさい」ではなく、「そろそろ時間だから、やっといたほうがいいんじゃない？」と言うだけで、子どもは動いてくれるようになります。

仕事でも、上からワーッと言って押しつける感じの上司より、同じ立場に立って「どう思う？」と意見を聞いてやらせる感じの上司のほうが、動く気になるものです。

自分で考えて決めたほうが動かざるを得なくなるからです。

だから、「片づけなさい」ではなく、「あそこに入れておいて」など

子どもの見たい気持ちもわかるので、テレビをつける前には必ず「この番組1本だけね！」や「○分までね！」などとお約束してから。

と、そうせざるを得ない具体的な伝え方をするようにしています。

子どもと接するときは、はじめから「できないものだ」と思えば、こちらもあきらめがつきます。

大切なのは、子どもに過度な期待をして、できない子どもを責めないことです。今はできなくても最終的には必ずできる、と子どもを信じることにしています。

## 忙しいときこそ家族に感謝

子どもが生まれると、今までの自分の自由な時間が一気になくなります。

さらに成長するにつれて、何度言っても言うことを聞かない、やること1つひとつに時間がかかる、約束ごとが守れないなど、ため息が出るほどの小さな困りごとが増えてきます。

こうした思い通りにならない状況が、大きなストレスとなっているママの気持ちが痛いほどよくわかります。

## 時間に追われていると、自分のできなさを子どもに責任転嫁してしまいがちです。

「子どもがいるから時間がない」という発想でいると、「早く寝てくれないから自分の時間がとれない」「食べるのが遅いから片づかない」と、何かにつけて子どものせいにしてしまったり。仕事をしていても「子どものために早く帰ってあげよう」ではなく、「子どものせいで早く帰らなければならない」「時短勤務のせいで仕事が終わらない」という考え方になってしまったり。

私は仕事を続けられるだけでも幸せだと思っています。その好きな仕事を続けていられるのは、夫の理解と、子どもが保育園や学校に行ってくれているおかげだと思っています。

子どもも外の子どもも社会でがんばってくれています。

自分が忙しいときこそ、子どもへの感謝の気持ちを忘れないでいたいと思います。

子育てをしていると大変なこともたくさんありますが、子どもたちからもらう幸せはそれ以上に大きいです。

一緒にいられる時間だけは、子どもに思い切り甘えさせてあげられるようにしたい。だから、いつもゆとりを持って過ごせるように、都合のいい言い訳はしないことにしています。

## まわりを自分都合で上手に動かす

54～59ページでも述べましたが、毎日を同じタイムスケジュールで過ごすということも、子どもに責任転嫁しない1つの方法だと思っています。

子どもに振りまわされる日々は疲れますよね。

誰かに合わせて暮らすということは、やっぱりストレスを生みます。

だから私は、夫にも子どもにも合わせようと思っていません。

逆に、平日の家事を時間も含めてルーティン化することで、**家族が私に合わせてくれるように**仕向けています。

わが家の場合は、帰宅、食事、入浴、就寝などの時間がほぼ決まっています。

子どもが「まだ眠くない」と言い張るときは、がんばって言いきかせようとせず、寝る時間になったら「ママ先にお布団行って待ってるからね」と私ひとりだけ先に寝室に行きます。

ごはん中に席を立って遊びだしたら、「もうごちそうさまね」と確認をし、「ごちそうさま」をさせて、残っていても後片づけに入ります。

子どもには、ママにも都合があることをわかってもらうのです。

毎日を同じタイムスケジュールで過ごしているうちに、それが習慣化され、自然と家族がその時間に合わせて動いてくれるようになる。

ここまでくると、ママとしてはだいぶラクになると思います。

# 3

# 楽しく台所仕事をするために

1時間ほどで計14品が完成。
左上から時計まわりに、
①味玉と椎茸の出汁ガラ
②アスパラとベーコン炒め
③お味噌汁セット（きのこ、野菜、油揚げ）
④お肉セット1（豚肉とネギ）
⑤お肉セット2（鶏モモと椎茸）
⑥キュウリとミョウガの浅漬け
⑦水洗いして茎に濡れティッシュを巻いた大葉
⑧ポテトサラダ
⑨ちくわキュウリ
⑩水洗いしたイチゴとアメリカンチェリー
⑪塩茹でしたブロッコリーと
ほうれん草とスナップエンドウ
⑫水洗いしたミニトマト
⑬茹でたオクラのめんつゆ和え
⑭マグロの漬け
（一部のレシピを103ページで紹介）

# 献立を買い出し前に決めない

## 献立を考えるのはとても頭を使う

毎日の晩ごはんの献立決めに悩んでいる方は多いのではないでしょうか。

わが家では、週末に1回、食材をまとめ買いし、常備菜を作ったり下ごしらえをしています。平日は買い出しに行かず、常備菜と家にある食材を使って調理しています。

それもあって、事前に献立を決めて計画的に買い出しをしていると思われがちなのですが、〝計画的〟という言葉が私は昔から苦手です。

新米主婦時代、1週間ぶんの献立を立てて、その通り実践しようとしたことがあるのですが、うまくいきませんでした。

1日だったら献立通りにいくのですが、3日とか1週間とかになると、食材が足りなくなったり、夫に急な飲み会が入ったり、子どもが食べなかったりと、予定がくるってしまうのです。

そんな経験から、こんなことにストレスを感じることすらムダだなぁと思ったので、潔く、ノープランでスーパーに行くことにしています。

## 手に入った食材に合わせて料理する

最近はネットでの購入先もいろいろ選べて便利ですよね。私も以前は、宅配サービスを利用していました。

でも今は、近くにお気に入りのスーパーがあるので、食材は直接足を運んで手にとって買うようにしています。素材との出会いを楽しみたいし、店長オススメ食材を見て選びたいと思うからです。

私がよく行くスーパーは、濃い色の野菜が多くて旬を大切にしているところ。

春先になると、ふきのとうなど珍しい芽がたくさん並び、夏はビタミンいっぱいのカラフルな野菜が目に飛び込んできます。秋は栗やサンマが光って見えるし、冬は煮込み料理に適した根菜類に目がいきます。

月に4回しかない買い出しだからこそ、お店での出会いとインスピレーションをうんと楽しみたい。ガチガチに献立を決めて買いものに行ったら、旬の素材を見逃してしまいかねません。

旬の素材は、栄養がたっぷりで、それだけでおいしいので、焼く、茹でるなどのシンプルな調理法で十分おいしくいただけます。

また、たくさん生産できる季節だから値段もぐっと安くなり、とてもお得でもあるのです。

## 旬の野菜がパワーをくれる

ムダだと思うことはいろいろと省いている私ですが、食についてだけはゆずれないところがあります。ちゃんと体のことを考えて食べたいと思うのです。

素材選びについては、ラクだとか効率重視の考え方ではなく、貪欲に楽しみたい。**体に正直になって、食べたいものを食べるという感覚でいい**ように思うんです。

私の実家は農家です。幼い頃から、採れたての季節の野菜を食べて育ってきました。その経験をふまえてみると、現代の食卓は、自然に逆らいすぎている気がします。たとえば冬にトマトやキュウリなどの夏野菜を食べて体を冷やし、寒い寒いとエアコンをつけているのは、なんだかおかしいな〜と思うのです。

自然に沿って、その季節の素材を食べることが、一番体には合っている気がします。だから旬は大切だと思うのです。「しない家事」をはじめたからこそ、時間にゆとりができ、もっと自然に寄り添った豊かな暮らしがしたいと思うようになりました。

さやの緑色が鮮やかな空豆。旬の野菜は輝きが違います。

# ゼロから料理をはじめない

## 週末に半調理をまとめてしておく

週末にまとめ買いした食材は、日曜日の晩ごはん作りのついでに半調理までしておきます。帰ってきてすぐはやっぱり疲れているので、生もの以外は冷蔵庫に入れず、いったん置いておき、晩ごはんを作るときに「やるぞ！」と少し気合いを入れて、まとめ調理しています。

「週末にまとめて常備菜作りをしている」というと、「私にはできない」とか、「マメだね～」なんて言われますが、私のやっている常備菜作りは雑誌や料理本に載っているようなハードルが高めの常備菜とは少し違います。

どちらかというと、**下ごしらえに近い感じ。**

たとえば料理の完成を5として、その工程を「洗う」「切る」「茹でる」など5つに分けるとします。私はその1〜3ぐらいまでを週末にまとめてやっている感覚です。

みなさんがイメージしている常備菜は完成していて、そのまま食卓に出すだけという1品料理かもしれません。

たとえば、ほうれん草。ベーコンと醤油バターで炒めて、あとは食べるだけという1品が常備菜のイメージに近いかと思います。

でも私の場合は、週末に、「袋から出す」→「洗う」→「茹でる」→「切る」までをしておきます。

そして食べる日に「盛りつける」→「おかかと醤油をかける（完成）」となるわけです。

お肉も同様。週末に、「パックからお肉を出す」→「一口サイズに切る」→「調味料と一緒にポリ袋に入れる」ところまでしておきます。

そして食べる日に、「ポリ袋をやぶる」→「中身をフライパンに流し入れて焼く」→「盛りつける」だけでメインの1品が完成するのです。

茹でておくというのはなにかと便利。お味噌汁に青物が足りないと思ったら、茹でほうれん草を鍋に放り込むだけ。茹でほうれん草なら仕上げにお味噌汁の中に入れるだけだから、えぐみも出ず飲みやすくなります。

もし味がついている常備菜ならこのアレンジはできません。

常備菜のように完全に味をつけてしまうと、その日の気分で食べたい味つけではなくなってしまったり、飽きたりするので、**半調理というのがミソ。**

緑物野菜は、ザル、ボウル、鍋（各1つずつ）を使って一気に茹でます。お湯は替えず、たとえばエンドウ→オクラ→ブロッコリー→ほうれん草の順に、アクの強い野菜ほどあとで茹でることがポイント。茹で終わった野菜から、それぞれお湯を切って保存容器に移し、ある程度冷めたら冷蔵庫へ。茹で上がったオクラをめんつゆに浸しておくだけで副菜が1品完成します。

99ページ※1 甘酢のレシピ
500㎖の保存瓶で作る場合、450㎖の酢に150gの砂糖（体を冷やさないてんさい糖がオススメ）を入れて溶かして完成。

ブロッコリーも茹でておくだけ、玉ねぎもスライスして甘酢（※1）に漬けておくだけ、豚肉も下味を漬けておくだけ、というふうに中途半端なところまでやっておきます。

それだけで平日「さぁ晩ごはんを作るぞ！」というときのモチベーションとスタートダッシュが格段に変わってきます。

## 20分で完成する晩ごはん

一汁三菜の晩ごはんをイチか

●「下味を漬けた豚肉」の展開例

切った玉ねぎ（1/2玉）と、漬けておいた豚肉を炒めたり煮たりするだけで、3パターンの料理に展開できます。薬味や調味料は、調理時に追加します。

※2「味の母」は、お酒の風味とみりんのうまみを合わせ持った調味料。料理酒とみりんを使うなら各大さじ1で。

ら作ろうと思ったら、私も1時間はかかります。でも週末にひと手間加えているから、20分という短時間で平日の晩ごはんが完成するんだと思います。

1時間→20分の時短になるわけですが、1時間×5日ぶんの時間を週末にわざわざ費やすわけではありません。

日曜日の晩ごはん作りのときに、プラス1時間ぐらいで終わります。

「袋から出す」→「洗う」→「半調理」までの下ごしらえをまとめて一気にやるから、たったの1時間でできるのです。

**料理の工程で一番面倒で、やりたくない地味な作業だけど、けっこう大切なのは、この下ごしらえ**だと思います。

このひと手間を、時間と心に余裕がある週末にまとめてやっておくことで、平日の晩ごはんが最高のパフォーマンス（20分）でできるんだと思います。

もし、シンクとまな板と包丁を使うのは週末、ガスコンロとフライパンを使うのが平日、というふうに作業工程を分けられると、もっと快適に晩ごはんが作れると思います。

私にはまだまだ訓練が必要ですが、そこまで効率化できたら理想ですね。

ミニトマトを洗っておくだけでも立派な常備菜。袋から出して、洗って、皮をむいたりヘタをとっておくだけで、平日そのまま使えるので便利。

## とても簡単な常備菜作り

料理は、晩ごはんの献立を決めて、買い出しをして、調理して洗いものが終わるまでの一連の作業の上で成り立っています。

昔の私は、「献立何にしよう」「どのお肉を買おう」と、毎日長い間悩んでいたので、とっても大変でした。

でも、週末に作りおきするようになってからは、その悩むストレスがなくなりました。

前日の夜にメインだけでも決めておけば、献立もなんとなく今日は生姜焼きと決まっているし、**家に帰ってきたら下味のついた豚肉をフライパンで炒めるだけ。**

週末に下味をつけた豚肉も、生姜焼きを作ろうと

週末に作った常備菜が詰まった状態の冷蔵庫。これと週半ばの副菜追加（106ページ参照）で平日の食事を乗りきります。

思って買ってきたわけではなく、たまたま特売だったので、とりあえず買ってきて、下味をつけるときに「醤油とみりんに生姜を入れておこう」と思って味をつける感じです。

それぐらいハードルの低い常備菜作りだから続けられているのだと思います。

●90～91ページの常備菜レシピ（一部）

①味玉と椎茸の出汁ガラ
容器に茹で卵とめんつゆ（※1）作りに使った椎茸の出汁ガラを入れる。めんつゆと水を1：1の比率で、具が浸るぐらい入れておく。一晩漬けると食べ頃。

※1 めんつゆ
醤油200㎖、みりん200㎖、出汁昆布1枚、かつおぶし一掴み、干し椎茸6個を鍋に入れて一晩置いておく。翌日、ひと煮立ちさせたら完成。

②アスパラとベーコン炒め
ベーコンとアスパラを食べやすい大きさに切る。フライパンに油をひき、具材を炒め、最後に適量の塩こしょうで味をつける。

⑧ポテトサラダ
じゃがいも、ニンジンは適当な大きさに切り茹でる。茹でたじゃがいもはしゃもじでつぶし、粗熱がとれたら、茹でたニンジン、輪切りにしたキュウリ、適当な大きさに切ったハムを加え、マヨネーズと塩こしょう適量を混ぜ合わせて完成。

⑭マグロの漬け
万能醤油（※2）に一晩漬けるだけ。

※2 万能醤油
空き瓶に、たっぷり醤油を入れ、細かく刻んだにんにく1かけ、生姜1かけ、大葉2枚を加える。冷蔵庫で保存すれば半年もつ。

# 平日は手の込んだものを作らない

## ごはんとお味噌汁、肉か魚。夕食は定番化

平日の晩ごはん作りは、何も考えなくてもいいようにしています。

わが家の場合、平日の晩ごはんの形式はほぼ変わらず、白米、お味噌汁、主菜、副菜。これがパスタになるとか、オムライスになるといったことは、ほぼありません。お皿の数もほぼ決まっています。なぜなら、お茶碗、お椀、メイン皿、小皿と使う食器がほぼ決まっていれば、かなりの時短になることに気づいたからです。

平日時間がない中で、この料理ならこのお皿のほうが合うかな？　なんて考えている時間さえ惜しい。限られた時間でさっとお腹を満たすものを作らなければならないので、使用する食器を含めた晩ごはんのルーティン化は効果的だと思っています。

また、平日はけんちん汁や牛すじなどの手の込んだものを作りません。下味をつけた肉や魚と野菜を使った料理、といった定番を決めて、毎日同じ皿に違う素材をシンプルに調理して盛りつけるだけ。

土鍋でごはんを炊いている間に、隣でお味噌汁を作って、ごはんが炊きあがったら、フライパンで肉や魚を焼いたり炒めるなど手順も決まっています。

調理に使うフライパンや鍋もほぼ毎日同じなので、頭の中では純粋に、一汁三菜の中身のことだけ考えられます。

**平日に関しては、お皿の中身が違うだけで、やっている作業は全部一緒。**それぐらいルーティン化しているから、何も考えなくてもまわるんです。

お惣菜を買ってくるのが一番の時短になるのかもしれませんが、たくさんある商品の中から選んで、レジに並んでお金を払って買ってくることを考えたら、作ったほうが早いんじゃないかなぁと思っています。手が込んでいなくても、やっぱり手作りのごはんはほっとするし、おいしいと思うことが多いのです。

でも、私には絶対作れない「かにクリームコロッケ」や「串カツ」は、プロのほうがおいしいし、そういうものは外食やお持ち帰りに頼ることにしています。

# 考えない晩ごはん

月～金曜日までのひとりぶんの晩ごはんを並べてみました。
週末に作った常備菜や半調理した食材（週半ばで副菜を少量追加）
を使って5日間まわしています。常備菜は保存容器のまま
食卓に出すことも。子どもも同じメニューです。

週半ば水曜日に足りなくなったので、副菜を追加。左から、チャーシュー、ニンジンたらこ、キュウリと塩昆布の和えもの。

週末に作った常備菜は、朝ごはんやお弁当にも使っています（詳細は91ページ参照）。

左下から時計まわりに、椎茸出汁ガラの炊き込みごはん、茹でほうれん草&冷や奴&ミニトマト、お肉セット1（豚肉とネギの炒めもの）、お味噌汁。

左下から時計まわりに、ごはん、茹でたほうれん草のおかかのせ、麻婆ナス、ポテトサラダ&ミニトマト、手羽元のスープ。

左下から時計まわりに、ごはん、鯖の味噌煮&ニンジンたらこ&茹でたほうれん草、キュウリと塩昆布の和えもの、お味噌汁。

左下から時計まわりに、ごはん、お肉セット2（鶏モモソテー）、レタスサラダしらすのせ&ミニトマト、餃子スープ。

冷やし中華。ハムを常備菜のチャーシューで代用。金曜日はたいてい手抜き料理で済ませます。

## ●追加した副菜のレシピ

### チャーシュー

油をひかずに、糸巻きの豚肩ロース200gをフライパンで焼く。表面に焼き目がついたら鍋に移し、お肉が浸る量のお湯と、多めの生姜の皮、ネギの青い部分を加え、10分程度煮て肉の臭みをとる。茹で汁（※）を捨て、水500㎖、砂糖大さじ3、醤油大さじ3、皮をむいたにんにく一片をまるのまま入れて、30分程度弱火で煮込む。好きな厚さにスライスして煮汁に浸して保存する。

### ニンジンたらこ

ニンジンを1本皮つきのままスライサーで細かく切る。フライパンにごま油をひき、ニンジンを炒め、しんなりしてきたら、たらこを1腹ほぐし入れる。プチプチしてきたら、少量の醤油をたらして完成。

### キュウリと塩昆布の和えもの

乱切りキュウリと適量の塩昆布を和えるだけ。30分程度つけると食べ頃。

※この茹で汁はとっておき、木曜日の餃子スープで利用しました。

## 朝食だけは趣味的に盛りつけも楽しんで

平日の晩ごはんは、シンプルな味つけで、作り慣れた定番の味。週末の常備菜を使うので、20分で完成します。

晩ごはんのすべては家族のお腹を満たすために。私の好みはほとんど入りません。その代わり、朝ごはんは自分のために作ることが多いです。家族の好き嫌いは考慮せず、私の食べたいものだけをワンプレートに盛りつけて楽しみます。

**3食のうち1食でも自分が好きなものを食べられるようにする**と、テンションが上がり、食事作りも楽しくなります。

私にとっては朝ごはんが「今日も1日がんばろう」という原動力になっている気がします。

私の場合は晩ごはんを定番化していますが、生活スタイルによっては、朝ごはんを定番化するのが向いている方もいると思います。

# 1つの家事に手をかけすぎない

## 炒めものの横で皿洗い。皿洗いのついでに花の水やり

以前、取材を受けたとき「マキさんって、放置する時間が長いですね」と言われたことがあります。

たとえば炒めものをしているとき、フライパンの前に立ち止まって炒め終わるまでずっと箸を動かし続けているということはしません。火を使って調理しながら隣で食材を切ったり洗いものをしたり、違うことをやって少し放置してから戻っています。

絶えずいくつかのことを同時進行で動かしているという感じです。

暮らしのいろいろな場面で、目の前のことに一点集中しないで、「ついでに何かやっちゃおう」という発想で動いていることが多いです。

隣の部屋へ洗濯物を置きに行った「ついで」に必要なものをとって帰ってきたり、洗いものの「ついで」に花の水をとり替えたり。

晩ごはん作りの「ついで」に常備菜を作ったり下ごしらえをしたりするのも、その1つです。

## 同時進行で家事を減らす

先にも述べましたが、子どもの手がかかるときは、いくつものことを同時に進行させる「やりっぱなし家事」が向いていると思います。

1つ片づけてから別のことをしようと思っても、途中で邪魔が入って、なかなか終わらないからです。

一点集中をいろんなところで無意識にやってし

火をつけたら、いったん場を離れ、隣で別の作業をし、戻ってきたときにコゲそうだったら火を弱めるという感じ。

まって、「時間がない！」と気持ちがしんどくなっている人にこそ、この「ついで」という発想はおすすめです。

この発想をするだけで、本来わざわざ時間をとってしなければいけない家事が減った気がして、ずいぶん気持ちがラクになるのです。

1つのことをするだけでいっぱいなのに、いくつも同時進行させるなんて……と思われる方もいるかもしれません。

でも、歩くついでに落ちているゴミやおもちゃ、脱ぎ捨てられた靴下を拾っちゃおうという意識でいれば、「何かのついでに」という感覚は、すんなり暮らしの中に入ってくると思います。

何も考えずに部屋を歩くと、行ったり来たりを繰り返し、何往復もしなければいけませんが、目と頭を動かしながら歩くだけで、1回で済むことが多いです。

たとえば、リビングにあるスリッパを玄関に置いてくるついでに、玄関の靴をシューズクローゼットにしまって整え、ランドリールームに置いてある掃除機を持って、リビングに戻ってくる。

全部バラバラにやったら、リビングと玄関を3回往復することになりますが、私はなるべく1回で済むように目と頭を使って動いています。

その結果、やらなければならない家事が減って時短になればうれしいし、そのぶん、子どもたちとのコミュニケーションの時間が1分でも増えればいいなぁと思っています。

# シンクの洗いものを増やさない

## ザルは1つ。お皿も少ないからすぐ洗い終わる

料理を作ることは、さほど大変な作業だと感じていないのですが、後片づけは、なかなか好きになれません。今まで何度、食洗機を導入しようと思ったかわかりません。でもわが家には、そんなスペースもお金もないのが事実。だから、小さな工夫をたくさんして、どうにか日々を乗りきっています。

たとえば緑物野菜を4種類茹でるとき、ザルは1つより4つあったほうが、違うザルに分けて入れられるので作業がスムーズに進む気がしますよね。でも、**後片づけまでをトータルで考える**と、使ったザルを4つもあとから洗わなければいけません。

ザルが1つしかなければ、1つをちょこちょこ洗いながら使うので、最後の洗いも

のや後片づけは最小限で済みます。

シンクがきれいさっぱりという〝終わりの状態〟まで考えて調理しようと思うと、食器や調理道具は最小限にとどめたほうがいいなと感じています。

とくに平日の朝ごはん後の洗いものは最低限に抑えています。

朝ごはんはワンプレート、平日の朝は火を使わないと決めたことは、洗いものを減らすという意味ではかなり効果的でした。忙しい朝に、存在感のあるフライパンのような洗いものはシンクの中にないほうが負担が減ります。

さらに、朝ごはんやお弁当作りのとき、常備菜の入った容器を空にせず、ちょっと

朝ごはんで使う食器の数が少ないので、苦手な洗いものも、それほど苦になりません。

残したまま冷蔵庫に戻すということもしています。空にしてしまうと、洗わなければならないからです。

## フライパンを使うのは1日1回

わが家にはフライパンが1枚しかないのですが、フライパンを平日使うのは晩ごはん作りの1回だけです。

しかも、フライパンを洗う回数を減らしたいからという理由で、フライパンを使ったメニューは1品だけになることが多いです。

だいたいメインの料理にフライパンを使うのですが、副菜に常備菜を使ったり、鍋を使って茹でたり、洗って切るだけにすれば、意外とフライパンは1枚で足りてしまうのです。

私の持っている調理道具の中で、使用済みフライパンの後片づけほど気のりしないことはありませ

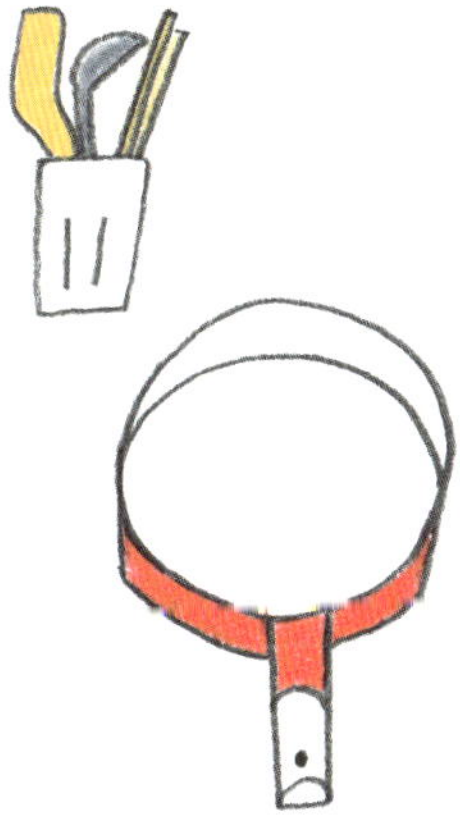

せん。ブロッコリーを茹でた鍋を洗うより倍以上の手間と時間がかかるからです。

そこまで考えての1日1回。油を使った料理を減らすことは、体にも時間にもやさしい気がします。


フライパンに限らず、わが家の調理器具は、すべて1つずつしかありません。

以前は、便利と言われるがままにいろんなグッズを買い、調理中のスムーズさを優先していました。菜箸やボウルをいくつも使い、料理ができあがったあとにシンクに残る洗いものの山を見てうんざりしていました。

でも今は、どれも1つだけ。それを**洗いながら使いまわしているので、終わったあとシンクにあったとしても1つ。**

結果的に、食事後や調理後すぐ洗いものをするようになったので、あんなに欲しかった食洗機が「なくても案外快適だな」と思えるようになりました。

1つしか持たないので、わが家の調理道具は2役以上こなせるものばかりです。

たとえば、トングは持たず、菜箸で代用。フライ返しの代わりに、金属製のしゃもじを使っています。

# 棚いっぱいに食器を詰め込まない

## 調味料は小瓶に詰め替えて収納

わが家では、調味料を大瓶で購入し、小瓶に詰め替えてから使っています。醤油ならコレ、みりんならコレと定番を決めているので、どうせ同じものを買うのなら、保存がきくし、大量に買ったほうが経済的だからです。

ただ、大瓶だと、そのまま使うには大きすぎます。重すぎて大変なので、小瓶に詰め替えて使っています。

コンソメなどは、スパイス容器に詰め替えられるよう粉末を買っています。

わが家には調味料の容器が二種類あり、液体と粉末で使う容器を変えています。

どちらも使いやすさを考えて、ワンタッチで開けやすいものを選んでいます。

調味料ごとに容器が違うと、手にした感じや蓋の開け方、中身の出方などに違いがあるので、容器に合わせて微妙に使い方を変えなければなりません。

でも同じ容器でそろえると、開け方や出方が同じなので、容器の中身さえわかっていれば、手元を確認しなくても調理をスムーズに進められます。

詰め替えのひと手間は面倒ですが、結果的に毎日の調理時間を短縮できている気がしています。

### 使用頻度の高い
### お気に入りの食器だけを

わが家では、食器をシンク上の作りつけの棚に収納しています。

食器を購入するポイントは、見た目がシンプル

注ぎやすさが決め手の容器一式。左の液体調味料は「セラーメイト」の瓶。中央の顆粒調味料は「サラサデザインストア」のプラスチック製スパイス容器。右の「IKEA」のシュガー容器には掃除用の粉末洗剤を入れています。調味料は冷蔵庫の引き戸に、洗剤はシンク下の掃除用具箱（141ページ参照）に収納しています。

で、多用途に使えて、重ねてしまえること。

食器棚には、ある程度の空きがあったほうが食器をとりだしやすいので、棚いっぱいに詰め込まないように、使用頻度の高い気に入った食器だけを持つようにしています。

食器はシンク上の作りつけの棚に収納。

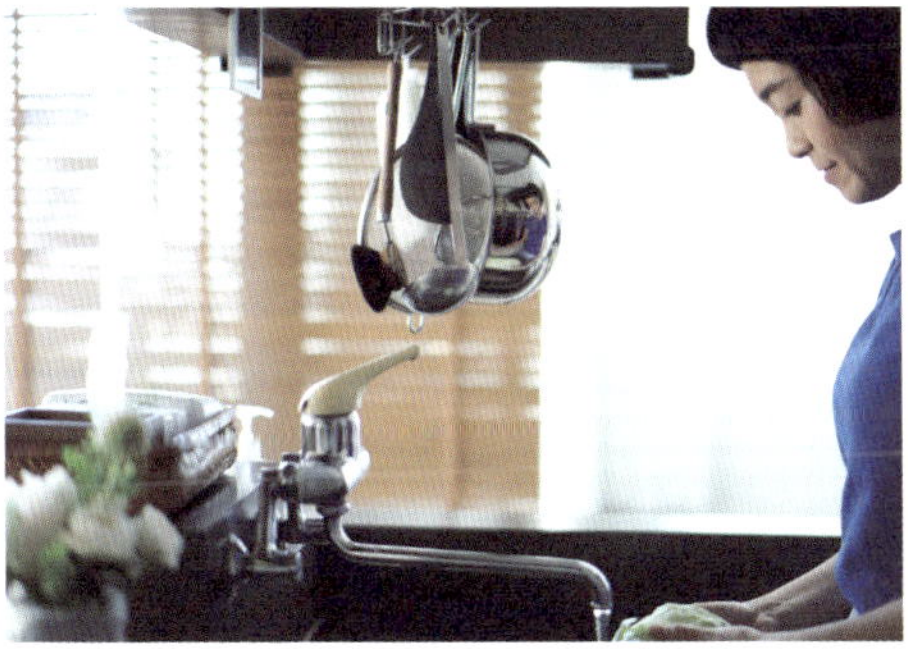

ボウル、ザルなど頻繁に使うキッチンツールは、使いたいときパッと手にとれるように、すぐ手の届くシンクそばに常時掛けています。

# 4

# お手入れや掃除の手間を減らすために

# 管理の手間が増えるものは買わない

## わが家にマット類がない理由

ものを持つという行為に、お手入れや掃除の手間まで含まれているということを考えたことはありますか？

たとえば、キッチンマット。以前の住まいでは、キッチンの床に敷けば、油や水ハネから床を守ってもらえると、あたりまえのように買って敷いていました。

でも結局は、洗濯機で洗って干すというお手入れの行為が、もれなくセットでついてくるということにまで頭がまわっていませんでした。

目先の便利さに惑わされ、お金を払い、管理する手間を増やしていたのです。

よく考えてみたら、わが家の床はクッションフローリング。水拭きができます。

ということは、わざわざキッチンマットを所有しておく理由がなかったのです。マットを敷くよりも、油のハネた床をこまめに水拭きしたほうがよっぽどきれいに保てることに気づきました。

トイレマットやトイレカバーも同じ。わが家も例に漏れずトイレットペーパーフォルダーにカバーをつけていました。

でも、つけたっきり一度も洗ったことがないということに気づいたのです。

今思えば、きれいに保つためのカバーが、まったくきれいじゃなかったということです。

●管理に手間がかかるもの

・キッチンマット
・トイレカバーやトイレマット
・玄関マット
・コンロのカバー
・流し台の三角コーナーなど

洗ったり、とり替えたりする必要が生じるものばかり。
だったらいっそのこと持たないほうがラク。

## ホームベーカリーも手放しました

モデルルームなどには当然のようにあるものでも、その家庭によって、必要・不要は異なるということを知りました。

きっと「トイレマットがない」なんて言ったら、他の人は「え〜！」って驚くかもしれない。

でも他人からどう思われたとしても、住んでいる人が清潔を保てて心地よければなくてもいいと思うのです。

手間がかかって、わが家に必要がないと思うものをわざわざ置いておく心の余裕は私にはありません。だから、自分が管理できていないものは根こそぎ排除していきました。

これは、使いこなせないものも同じでした。以前は、朝起きたら焼きたてのパンが

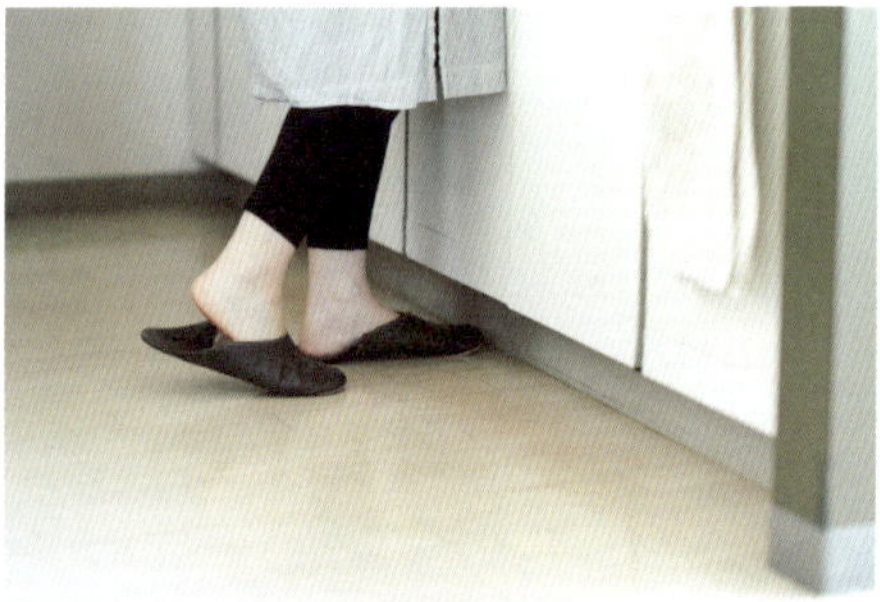

キッチンマットを持たなくしてから、なくて不便だったという経験はありません。

できあがっているという夢のグッズ、ホームベーカリーを持っていました。

でも私はバカの1つ覚えで、一番ベーシックな普通の食パンしか焼けませんでした。コネ終わったら1回とりだして形成するとか、そんなハードルの高いことができなくて、餅もピザも作れるのに食パンだけしか焼けなかったのです。

そこで気づいたのは、自分が作ったパンよりお気に入りのパン屋さんのパンのほうが断然おいしいということ。

がんばってみたけど、結局パンを焼くことをあきらめました。そして極めるのは今じゃないんだなと思って、ホームベーカリーを手放すことにしました。

どんなに機能がよくて便利そうに見えても、〝ものを持つにはその先がある〟ということを心がけるようになったら、ものとの向き合い方が劇的に変わり、買う行為が慎重になりました。

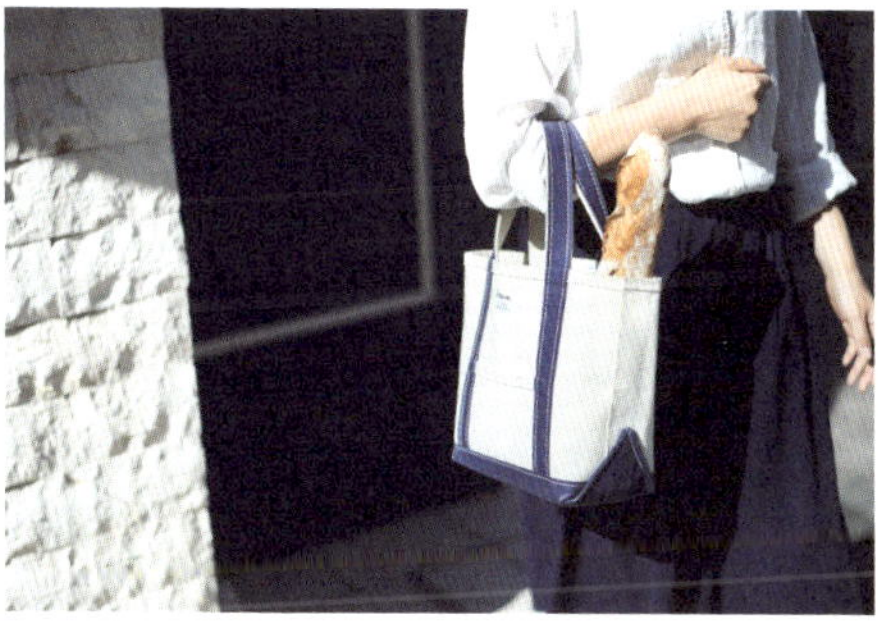

金曜日の会社帰りにおいしいパンを買って、土曜日の朝、自分の作りたい朝ごはんを時間をかけて作るのも「したい家事」の1つ。

# 使う場所の遠くに収納場所を作らない

## 玄関の壁にまとめたお出かけグッズ一式

ハサミがない！　油性ペンがない！　と、いざというときに出てこないことってありませんか？

どこに置いたのか、わからなかったり、置き場所を忘れて家中を探しまわることはどイライラすることはありません。

わが家には家族共有のハサミや油性ペンは1つしかありません。

きっとたくさんあったら、ものの価値が下がり、扱いがないがしろになってしまうと思うからです。

1つしかないので、家族は危機感を持って使ってくれます。ハサミも油性ペンも使ったら、ちゃんと戻してくれます。

各アイテム1つ持ちはそんな効果もあるのです。

もしハサミが本当に見当たらなければ、キッチンバサミで代用できますし、油性ペンがなければ、油性ボールペンで案外その場はしのげるものです。


持ちものの定位置作りは、家のあちらこちらでしています。

わが家の場合、**使う場所の近くに置く**というのが鉄則です。

たとえば玄関。お出かけグッズ一式を壁一面に引っ掛けて準備しておくのですが、こうすることによって、忘れもの防止に役立っています。ハンカチ、ティッシュはもちろんですが、出勤前にポストに入れる手紙、荷造りしたダンボールまで。

置いてあると、「あ、今日、郵便局行かなきゃ」と、いやでも思い出します。

また、靴を履いたあとに忘れものに気づいて

も、靴を脱がずにすぐとれるように、子どもの靴下やヘアブラシも玄関に置いています。

どんだけ面倒くさがり屋！　と思われてしまいそうですが、一度履いた靴を脱いで家に上がるほうが私にとっては面倒くさいのです。

●わが家の定位置

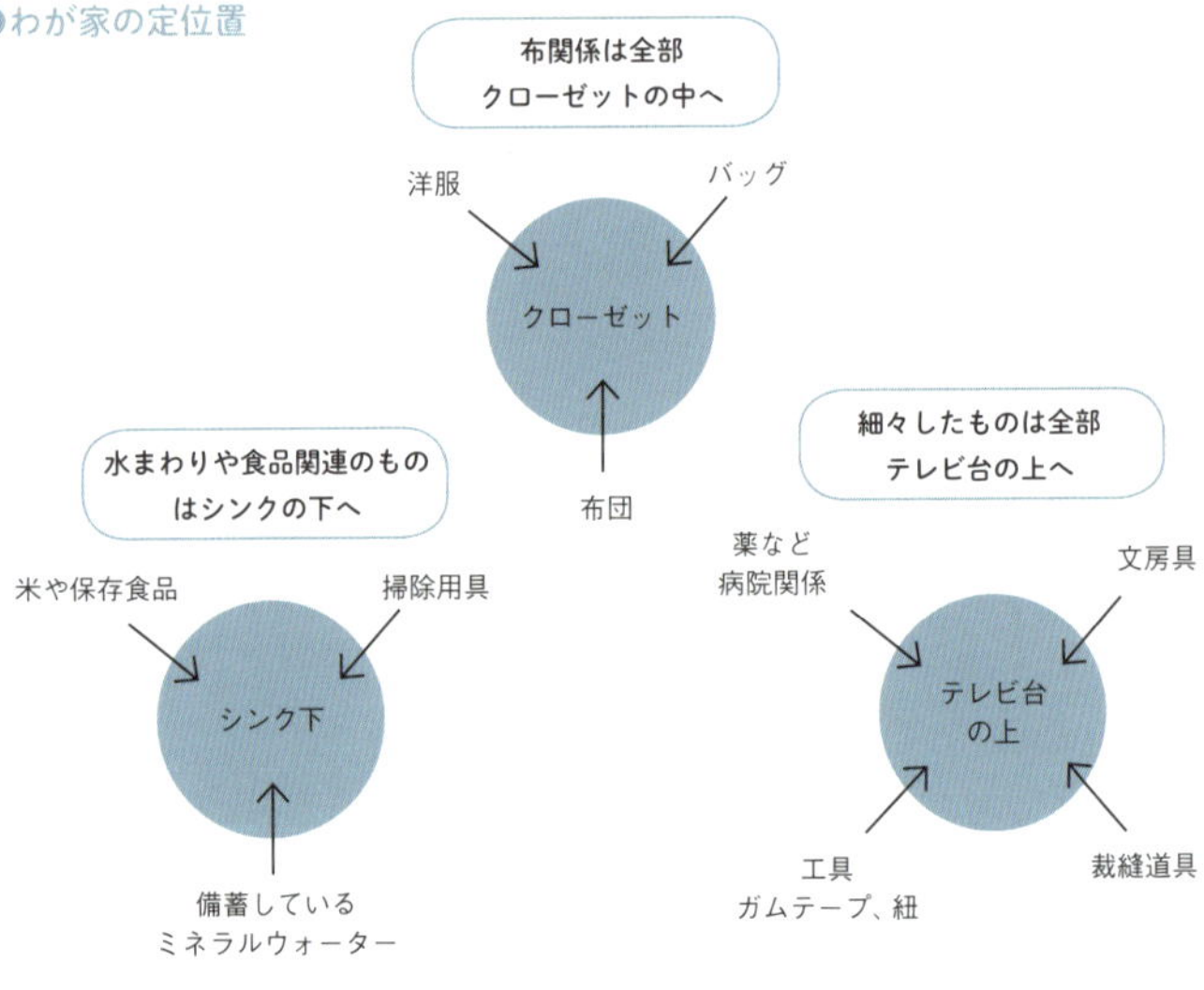

玄関のお出かけ道具一式。128ページの写真は私の通勤3点セット（晴雨兼用傘、ショルダーバッグ、キャンバストート）。翌日投函しなければならない郵便物なども鞄に目立つように入れておきます。上の写真は娘たちのもの。まだひとりで身支度できない次女の園セットや靴下も玄関に置いています。

## 一瞬で道具がとれるメイクボックス

そんな性格が功を奏して（？）自己流の時短アイテムはたくさんあります。

メイク道具をポーチにしまっている方は多いですが、ファンデーションをとるのにごそごそ、アイラインをとるのにごそごそ……。

そのごそごそする時間がムダだなぁと思うので、私はメイクボックスに立てて収納しています。そうすると、一瞬でどこに何があるかを見てとれるので、すぐにとりだせ、探している時間が短くなるわけです。

37ページで紹介したメイクパレットも時短アイテムの1つ。

子どもにも、探したり、迷ったり、やり直したりする時間をなるべく省かせてあげたいなぁと思っています。だいたいそれに巻き込まれるのはママなので、自分のためにもアイテムを工夫しています。

たとえば子ども服。毎朝、子どもに洋服を選ばせているのですが、子どもって自分で選ぶと、とんでもない組み合わせをドヤ顔でしてきます。ボーダー×チェックとか、最先端すぎて、もはや理解できず……。

いちいち着替えさせるのも面倒なので、**何を組み合わせても大丈夫なもの**を買っています。

ボトムスを紺かグレーか黒のような汚れの目立たない無地でまとめると、トップスに何を持ってきても合います。

探したり、迷ったり、やり直したり。

そんな時間から解放されるだけで、ずいぶん時間に余裕ができると思います。

姉妹のトップスは色違いだと一瞬で判断できるので便利。色で認識できると、いちいち服を広げて大きさを確認する手間が省けます。

一瞬で道具をとれるメイクボックス。メイクパレットや化粧水、クリーム、ブラシ、ペンシル、リップなどをすべて立てて収納。

# どれを買うべきかで迷わない

## 日用品も洋服も「定番」が決まると時短に

定番を決めると、かなり時短になることに気がつきました。

とくに日用品。

たとえば、シャンプーを切らしてドラッグストアに買いに行くとします。

一ヶ月前に買いに行ったときとは違う新商品が出ていて、テスターで匂いをかいで、今回はどれにしようかなと迷って……。

過去にはそれを楽しんでいた時期もありました。

でも今は、それが最重要項目ではなくなりました。そのぶんの時間を、家族と一緒に過ごしたいと思っているからです。

だから今の私には、こうした日用品の買いものがちょっと億劫で煩わしいものになり、行き当たりばったりで、いちいち迷う時間がムダになってしまいました。

とはいえ、やみくもに目についたパッケージのものを選ぶとか、最安値に手を出すと、「失敗」＝「やり直し」のリスクがあるので、〝超〟選びぬいた「自分の定番」を決めることにしました。

洗剤、調味料など多くの「定番」によって、わが家は支えられています。

洋服も同じ。着替えや洗濯、お手入れに手間どらないように、気に入ったものは色違いで2着購入しています。

一度、自分に合う「定番」を決めてしまえば、迷う必要がなくなり、気持ちもずいぶんラクになります。

## 買い出しリストは購入場所ごとにメモ

買いものは好きですが、いったん定番が決まってしまった日用品などの買いもの

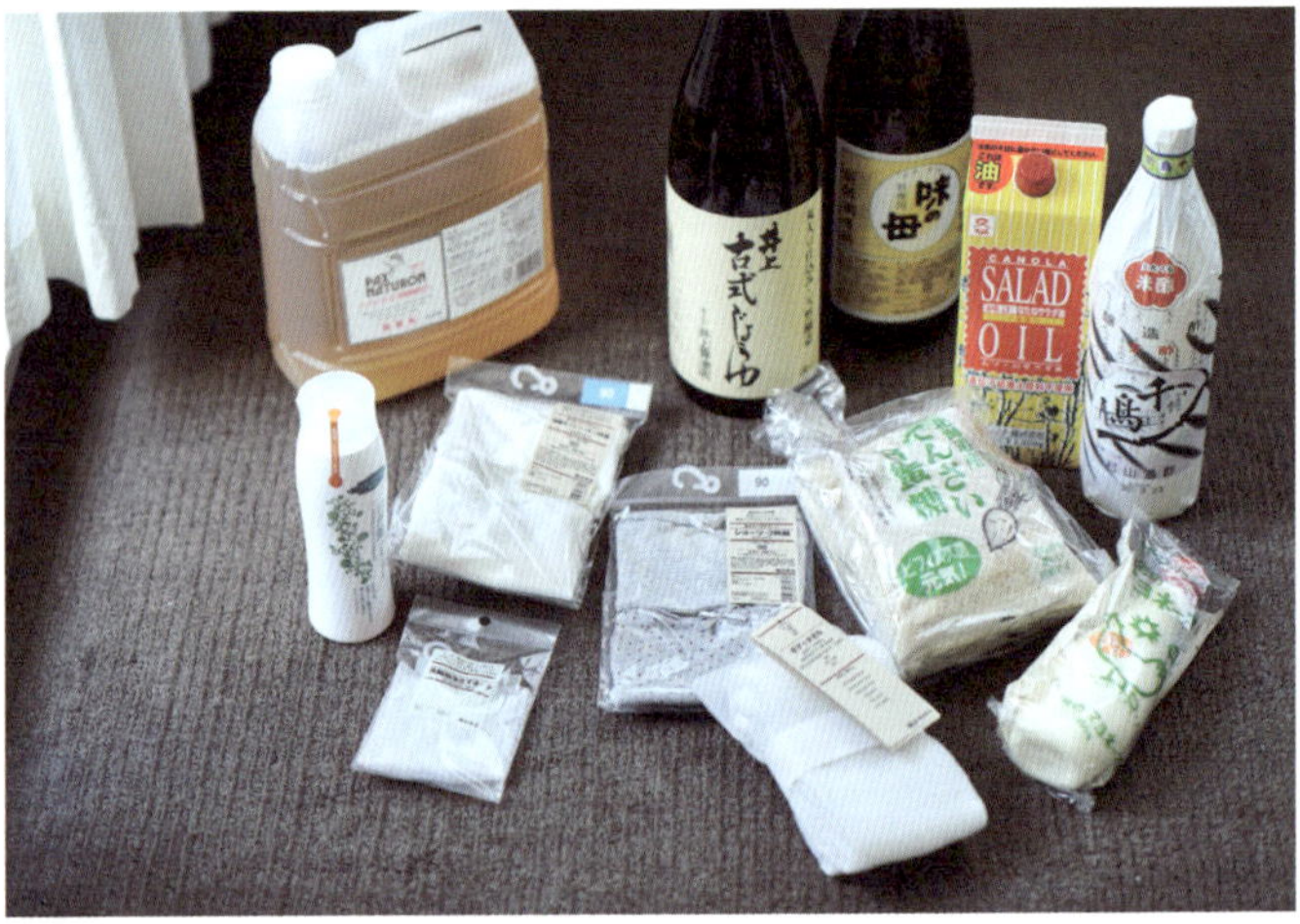


わが家の「楽天市場」「無印良品」の定番商品の一部。

スマホは常にポケットに。思い立ったらメモをして、買いものをするときに見返しています。

### ●購入場所別買い出しリストの一例

| 楽天市場 |
|---|
| ・パックスナチュロン |
| ・味の母（みりん風調味料） |
| ・井上 古式じょうゆ |
| ・千鳥酢 |
| ・ムソー　純正なたねサラダ油 |
| ・松田のマヨネーズ（甘口） |
| ・てんさい含蜜糖 |
| ・自然葉シャンプー |

| 無印良品 |
|---|
| ・ボディタオル |
| ・洗顔用泡立てネット（夫用） |
| ・子どものキャミソールやショーツ |

は、気分がルンルンするわけではないので、頭の中を占領して欲しくないもの。覚えておかなければならないけれど、自分の気分がのらない購入リストは、スマホに書き出して忘れてしまいます。**メモると、すっぱり忘れてもいいので頭の中がラク**なんです。

シャンプーを買い忘れないように覚えておく脳みその隙間があるなら、子どもに言われた「ママ、これおいしかったからまた作ってね！」の約束を覚えておいたほうがよっぽどいいと思うから。

ちなみに、「楽天市場」「無印良品」など購入場所ごとに買い出しリストを作っておくと、思い立ったときにまとまっているので便利。

縫いものやほつれ修理など洋裁系の作業も、リスト化して、ある程度のメモ数がたまったら、週末に一気にやっています。

●作業リストの一例

＜メモ

縫い物

上履きリボン
帽子ゴム
グレーレギンス右ひざ穴
マキ靴下かかと
ユニクロパジャマボタン

## CMや特売に踊らされなくなる

「これぞ」という定番を決めるまでは、試しながら改善をして、自分ととことん向き合うことが大切だと思っています。

どんな味が好きで、どんな手触りが好きで、どんなものが使いやすいのか。自分にしっくりくる定番を決める過程を工夫しながら楽しんだもの勝ちだと思うのです。

たとえばトイレットペーパーだったら、このメーカーというように、消耗品で「定番」が決まっていると落ち着きます。その定番を決める作業が好きだったりします。

決め終わったら、好きな人と結婚しちゃった感覚で、もう恋愛ではなくなる感じ。ドキドキする感覚から落ち着ける感覚です。そんな落ち着ける定番を増やしていきたいと思っています。

消耗品を購入するときは、「今CMをやっているから」「特売しているから」など、その場限りの単純な理由で購入するのではなく、「これがどうしても欲しい」という理由から購入するほうが、手に入れてからも幸せな気分で使える気がします。

その欲しいものを見つけるまでの時間も、暮らしを豊かにするように思うからです。

現代社会はメーカーが生き残りをかけて、いろんな仕掛けをして心を浮わつかせようとします。でも、「時間がない！」と焦っている人ほど、そこはぐっとこらえて。時間に追われて、その場の瞬時の判断だけで購入してしまうのは、もったいないと思います。

調べて探して決めるという前段階があるからこそ、「手に入れられた！」という満足感や、使うときの楽しみも増すと思うのです。

自分で選んだ超お気に入りのものの中で暮らすことができれば、家事ももっと楽しくなるのではないでしょうか。

たとえば洗濯をするにしても、義務的に洗濯物を干しているのか、自ら選んだものを使って工夫しながら洗濯物を干すのかでは、気持ちの持ちようが違ってきます。

「定番」の恩恵はあなどれません。

定番を増やしていくうちに、暮らしの質が上がり、使う側の心が豊かになっていくんだと思います。

# ストックは多く持たない

## 洗剤は1種類。トイレットペーパーは芯なしに

以前、雑誌「クロワッサン」（マガジンハウス）で公認会計士の林總《あつむ》さんとの対談のときに、「儲かっている会社は、工場の倉庫ががらんとしている」と教えてもらったことがあります。

在庫はお金の仮の姿で、それがお金になってはじめて利益が出る。だから、在庫がたくさんあることが必ずしも正解ではない、と。

家庭でもストックが多いからといって、安心の黒字経営とは限らないですもんね。

それよりも、使わずに捨ててしまう可能性がある、もしくは眠らせておくストックを大量に持つより、使うぶんだけを持ち、どんどん回転させるほうが効率がいいと思っ

ています。

ストックは多少あってもいいと思いますが、「管理する種類を減らし、持ちすぎず使いきれるぶんだけ持つ」ということを徹底するようになったら、買いものの仕方が変わりました。

わが家の場合、サランラップは特売の15mより初期投資がちょっと高い50mを、トイレットペーパーは30mのダブルより、芯なしの200mを選んでいます。

「あー、また途中でラップが切れた」「またトイレホルダーに芯だけ残ってる」なんていうプチストレスから解放されるためでもありますが、ロングタイプを選べば、補充する回数を減らせるので時間の節約にもなります。

また、洗剤は1つで8役をこなしているパックスナチュロンの液体せっけんを使っています。場所を問わず使える多用途洗剤を使うことによって、用途別に必要だった詰め替え作業と、種類別の収納スペースが必要なくなりました。

「トイレにはこの洗浄洗剤と、この消臭スプレーと、この拭きとりシート」などと、

3つそろえることが必要だと思い込んでいたあの頃はなんだったのだろうと思うほど。

今では、このパックスナチュロンという液体せっけんの代用で問題なく過ごせています。

メーカー側の〝親切心〟にのせられて（?）、用途別に商品を買いそろえるという固定観念に縛られなくなったおかげで、ドラッグストアを通りかかっても、「大特価!」という文字に踊らされなくなりました。

## 買わずに何かで代用できないか考える

ストックがたくさんあった数年前までは、安いからとりあえずストックとして買っておこうという感じでした。

でも、今はストックする種類と量を減らしたおかげで、自分の頭の中で在庫管理ができるようになり、「確か、まだあったな。あれで代用しとけばいっか〜」と、思えるようになりました。

トイレットペーパーなど日用品のストックは、このカゴに入る量しか持たないようにしています。

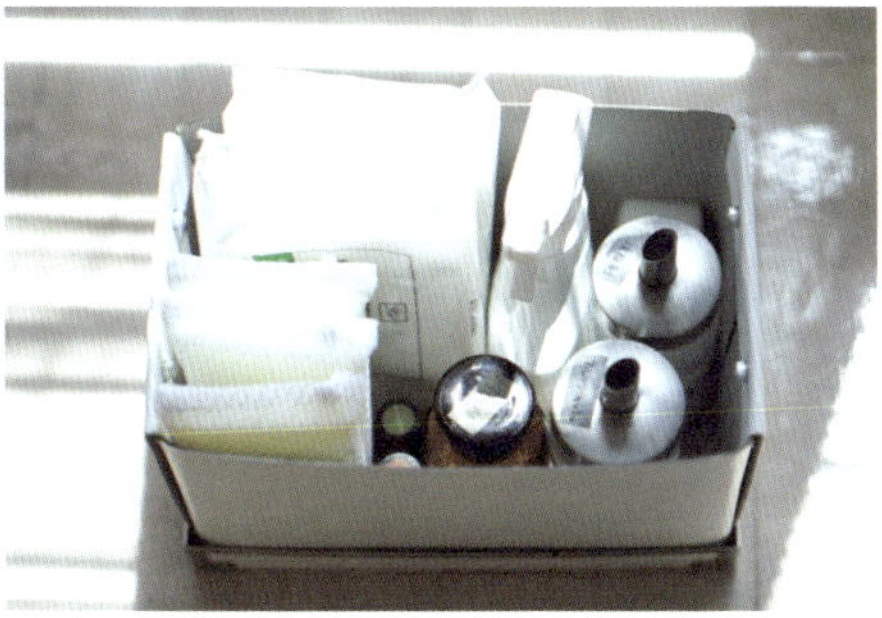

掃除用具は靴箱1個に入るぶんだけ。アルカリウォッシュとクエン酸、酸素系漂白剤、エッセンシャルオイル、スポンジのストックが入っています。

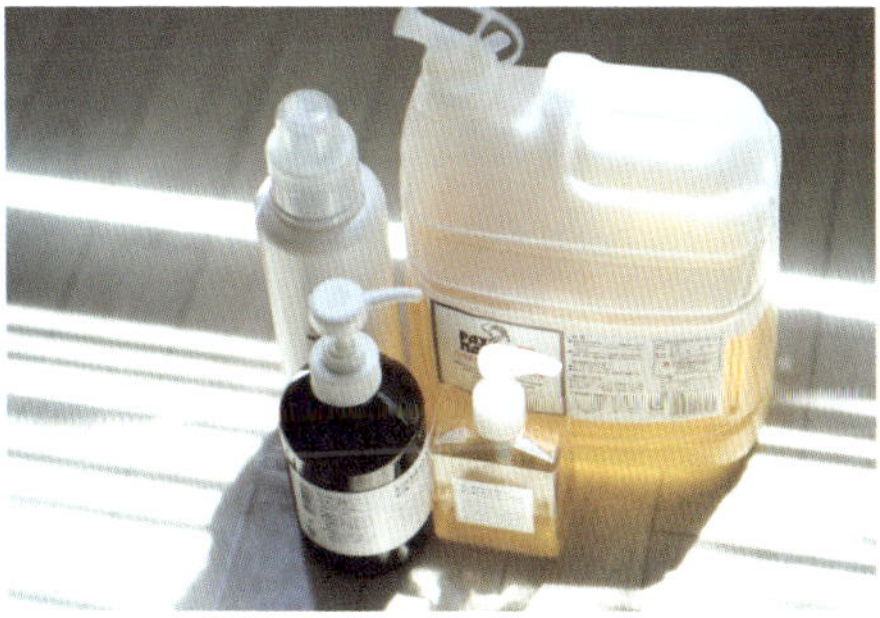

大きな容器は、万能洗剤「パックスナチュロン」。これ1本で、食器用洗剤、洗濯用洗剤、ハンドソープ、ボディソープ、浴室用洗剤など、何役もこなしてくれる優れもの（※）。小さなボトルに詰め替えて、使う場所ごとに置いています。



※わが家では子どもも含めトラブルはありませんが、肌トラブルを起こす可能性もあります。用途外の使用については、積極的にお薦めできないことをご了承ください。

その結果、今日買うべきものかどうかの判断がつくようになりました。

何か1つでもなくなるたびにドラッグストアに立ち寄って、新商品に気をとられ、商品を選び、レジに並び、お金を払い、家路につくという時間を、今では家族のために温かいごはんを作るという時間に充てられるようになりました。

先にも述べましたが、ドラッグストアに行くことが大好きな時期もありました。

アイシャドウのブラウンの発色の違いで迷い、なりたいお肌別のパッケージで悩み、一番好みのシャンプーの香りを探していた20代。

懐かしいですが、自分にとって今一番大切なことは何か？という優先順位を考えたとき、ストックの有無に振りまわされている場合ではないと気づかされました。

忙しいときほど、管理する種類は少ないほうがいいと思います。

キッチンハイターとカビとりスプレーはパッケージは違う商品ですが、成分はほぼ同じだということに気づいたときは衝撃を受けました。

また、「同じアカを落とすのに、体用と浴槽を洗うものが別というのも不思議だな」

など、素朴な疑問を持つことで、キッチンや浴室など場所ごとに数々の洗剤を買いそろえることのもったいなさに気づいたりします。

何種類もの洗剤を使うと、補充のたびにお金がかかるし、ストックを置いておくスペースも必要になります。

「本当にいる？」「代用できるんじゃない？」という疑問を常に持っていると、ストックを上手に減らせるんじゃないかなぁと思います。

●日用品の代用例

消耗品が多いので、いかに使わずに済むかと考えて、繰り返し使えるものにシフトするよう心がけています。

| | | |
|---|---|---|
| 消臭剤や芳香剤 | → | コーヒーかす |
| キッチンペーパー | → | 新聞紙&ウェス（布の端切れ）&ティッシュなど |
| コロコロ | → | 掃除機やガムテープ |
| 洗濯槽掃除の洗剤 | → | 酸素系漂白剤 |
| 排水口やパイプ掃除の洗剤 | → | 熱湯を注ぐ |
| 排水口ネット | → | ステンレスフィルター |
| 多い日用などの種類別ナプキン | → | 布ナプキン |

# 1道具1役で終わらせない

## グラスを花瓶に、鍋をボウル代わりに

持たない暮らしをするようになって、「代用」という手法を覚えました。

ものがないから、「買う」や「あきらめる」ではなく、ないなりに工夫してどうにかできないか？　と発想の転換ができるようになりました。

そうして気づいたことは、**道具はシンプルなものほど多用途に使える**ということ。代用を覚えると、少ないもので不便なく過ごせるようになります。

たとえば、花瓶。わが家には花を飾る習慣があまりないので、花瓶がありません。だから、たまに買ってきたり、もらったりするときは、普段使っている熱湯消毒で

きるグラスを期間限定の花瓶にします。

そしてひと工夫。包装紙とリボンをグラスに巻いたりして、花の雰囲気に合わせて飾って楽しみます。

ものがないからこそ、知恵を振り絞って代用と工夫ができるようになりました。

鍋も、発想の転換でボウルに早変わり。

「鍋は鍋」「ボウルはボウル」と切り離して考えると2つ持たなくてはいけませんが、鍋をボウル代わりにすれば、ボウルの数は少なくて済むのです。

わが家の鍋は取っ手がとれるので、形はボウルのよ

花と紐のピンクをポイントに。

うなただの円形です。だから、鍋をボウル代わりにすることもしばしば。

逆もそうで、琺瑯のボウルなら直火にかけられるので鍋代わりになると思います。わが家のボウルはステンレスなので無理なのですが（どちらかのメーカーさん、取っ手つきの琺瑯ボウルを作ってください！）。

ちなみに、わが家のボウルは目盛りつきなので、計量カップとしても使っています。

## 食器用スポンジでトイレも掃除

わが家にはトイレブラシがありません。これも食器用スポンジを代用することで、不便さを感じずに過ごすことができています。

月曜日から土曜日まで毎日食器を洗ったスポンジで、週末ガスレンジを磨き、シンクの排水口まで隅々まで洗い、最後にビニール袋を手にはめて、その使い古したスポンジでトイレを磨くのです。

トイレも陶器。大きなお皿だと思って、きれいに洗うことにしています。

ゴム手袋の代わりにビニール袋を使えば、使用済みのスポンジをくるっと包んでそのまま捨てられます。

トイレブラシがないぶん、お手入れがスポンジ1つで済み、それだけで、かなりの時短です。


1道具1役の用途で終わらせるのはもったいない。

アイデアと工夫で何役にもなるような道具を持つことは、結果、時間とスペースにゆとりをもたらしてくれます。

鍋をボウル代わりに氷水を入れて、アイスコーヒーを作ったりもします。

# 「いつか使うかも」と考えない

## 半年に一度しか使わないものは手放す

私の持ちものの基準は、「今使っているかどうか」です。

赤ちゃんのミルクを作るのにものすごく重宝した60度のお湯が出るポットとか、いつかのパーティーで使うかもしれないグリーンのアイシャドウとか、そういった「今使わないもの」はほとんど処分しました。

今使っていないということは、なくても生活は成り立つということです。半年に一度しか使わないものは、もしかしたら何かで代用できたり、レンタルしたり、使わなくて済む方法があるのかもしれません。

数種類のフライパンやザルやボウルなど、持っているだけで、実は使用頻度の低いものは必ずあるはずです。

そういった「コレ久しぶりに見た！」というものを見つけたら、いったん手の届かない場所へ隠してみて、しばらく使わなくても「存在すら忘れていた！」という状況になれば、手放しても問題ないと思います。

今使っていないけれど、「いつか使うのではないか」と手放せない人は、**ものを使う状況を作らないようにする**といいと思います。

現に私は玉子焼き器や揚げもの用の鍋を持っていません。お弁当にきれいな玉子焼きを入れようとか、天ぷらを揚げようとか、今はあきらめているのです。

また、子どもが小さいと、ピアスなどのアクセサリーは引っ張られて危険です。

そこで、今はそんなファッションをしない。子どもが育っ

●すぐ使いきったり手放しているものの一例

・お店でもらった紙袋
・ノベルティや粗品
・引き出物やお礼でいただいた自分で選んでいないもの
・化粧品などの試供品

て、ある程度落ち着いてから、そのときに楽しめるファッションをすればいいやと思うことにしました。

自分のキャパシティを知り、今やれることを絞ることで、ものはずいぶん減らすことができるんじゃないかなぁと思っています。

## ものは少ないほど愛おしくなる

ものは時間とお金とスペースを占領します。

忙しい人ほど、持ちものは少ないほうがいいと思います。忙しい人の最大の敵は、「どれを使おう」「どれを着よう」と迷う時間だと思うからです。

ものが少ないと、そのぶん1つひとつのものの使用頻度が高くなります。手にとる回数が多いから、愛着も湧いて、より大切にしようとお手入れをするようになります。

私の場合は、そこでとてもよい循環が生まれました。

わが家には、「1年に1回しか使わないだろう」と思って買った梅シロップを作るガラスサーバーがあります。

あまりにもかわいいので、使わないのはもったいないと思い、そのビンで毎月なにかしらの季節のシロップを作るようになりました。

結局は、ものそのものを愛して使いこなすかどうかなんだと思います。

クローゼットには今着ている衣類だけを厳選。

# 5

# 私時間を充実させるために

# 平日5日間を全力疾走しない

## 疲れてキッチンの床に座り込んでしまうことも

月曜日から家事、育児、仕事と一生懸命やり続けると、どうしても疲れがたまってきます。金曜日には、ぐったりして、動く気力すら起きないということもあるのではないでしょうか。

私は本当に疲れているとき、ダイニングのイスまで移動して座るということもできず、そのままキッチンの床に座り込んで、ボーっとしてしまうことがあります。

それぐらいがんばりすぎると何もできなくなってしまうんです。

こうした状態が続くと、家族にも迷惑がかかってしまうので、自分の息抜きもしつつ適度なバランスで過ごすようにしています。

67～69ページでにも述べましたが、平日の家事は本当に最低限のことしかしません。

もし平日、時間があったらやりたいと思っている家事は、優先順位が高いものから次の3つです。

①お皿を拭いて棚に戻す
②玄関を整える
③掃除機がけ

時間がないときは、潔くあきらめて、無理にはやりません。

## 金曜日は手抜きの日

平日の息抜きの1つとして、夜、週1回、自己メンテナンスの時間としてピラティス

を1時間だけ習っています。

最低限のやるべき家事をレッスンの時間までに終わらせておけば、夫に子どもたちを預けて気兼ねなく出かけられます。


また、金曜日は手抜きをしてもいい日としています。

子どもたちにとっては、1時間半のテレビのゴールデンタイム。この日ばかりは、宿題を必ず終わらせなくてもいいので、私から「妖怪ウォッチ見る？」とテレビをつけます。

私もその間、ダラダラできるように夜の洗濯をしなかったりします。

とくに夫が金曜日の夜、仕事のつきあいでいないときの料理は、おもいっきり手抜きをします。

子どもたちも、いつもとは違う焼きそばや冷やし中華などの麺メニューに、ちょっとテンションが上がります。親としてはちょっぴり悲しいですが（笑）。

たぶん人間はダラダラしたくても限界があって、ずっとは続かないと思うんです。

私の場合は、1日思いっきりダラダラ（ゴロゴロうたた寝お昼寝つき）すれば、次の日は「よーし、シーツまで洗っちゃおう！」という気になります。

逆に、家族に気を遣って中途半端だと、ダラダラが長引く気がします。

**手抜きするなら、思いっきりする。**この割りきりが、気持ちのメリハリにつながって、1週間を前向きに乗りきれているのだと思います。

金曜日の手抜き料理の1つ「五目うどん」。冷凍うどん、出汁パック、めんつゆ、冷凍していたお味噌汁セット（91ページ③）の具を組み合わせて完成。

知人に勧められてはじめたピラティス。体幹が鍛えられ、以前より疲れにくくなった気がします。

## 休日はなるべく予定を入れない

### 近所をお散歩したりするだけでもいい

わが家の休日の定義は、「気を休める日」。また月曜日から気持ちよくスタートを切れるように、〝心〟と〝家〟を整える日を「休日」としています。

私と夫は土日祝休みの会社員、子どもも平日は学校や保育園で集団生活を送っています。

大人は仕事に集中できるように、子どもは学びに専念できるように。平日に最高のパフォーマンスを発揮するために、心身ともにリラックスができる休日の過ごし方をしています。

以前は、せっかくの休日だからと、家族みんなでおでかけ！　とショッピングモールにお買いものに行くことが多々ありました。なんとなく、外出しなくちゃ！という使命感があり、無理やり予定をたてて、ものを買うという行為に満足感を得て、日頃の発散をしていました。

でも、残るのは疲労感とお金の使い方への後悔でした。家族4人が一緒に過ごせるのは、週末のみなので、もちろん普段できないことをする日でもあるのですが、**やりたいことを無理して詰め込まない**ように心がけて過ごすようになりました。

近所をお散歩したり、外食にワクワクしたり、家や芝生の上でのんびり過ごすほうが、気が休まる日（＝本当の休日）になっているなぁと実感しています。

## 心と体を休める日に

そして土日のどちらかは（だいたい日曜日ですが）、家を整える日としています。

部屋の床拭きをしたり、太陽の下で布団を干したり、大切にしているキッチン道具の手入れをしたり。

家族でスーパーに行き、各々食べたいものを買ってみたり、平日のゆとりを作るために常備菜を作ったり、大好きな季節の家しごとをするという趣味の時間を楽しんだり。

子どもたちもゴロゴロ、のんびり、朝寝坊やお昼寝をしたりして、めいめいに好きな時間を過ごすようにしています。

ジェットコースターのような刺激ある休日ではないけれど、日常の小さな幸せを求めるたんぽぽのようなふわふわとした休日の過ごし方が、わが家らしいなぁと思います。

今思い返すと、以前は自分から予定をぎちぎちに入れていたなぁと反省します。家族で大切にしたいことを話し合い、それを叶えるために休日をどう過ごすのかを考えてみると、家族の笑顔がたくさんあるだけで幸せという思いに落ち着きました。

子どもたちが小さいうちしかできないことは身近にあると思っています。

ラジオが常に流れているんじゃないかと思うほど、子どもたちのおしゃべりが止まらなくて、怒った顔もかわいくて……。

「ママ〜」とかけよってきてくれる今を大切に過ごしていきたいなぁと思います。

縫いものも「したい家事」の1つ。最近は、次女の手先が器用になるような手作りおもちゃを作りたいなと思っています。

# 夜に残りの家事をやろうとしない

## 21時半には就寝。睡眠をしっかりとる

疲れて頭や体がうまく働かないときは、迷わず寝ます。使いものにならない状態で起きていても、しかたがないと思うからです。

子どもと一緒に布団に入って、子どもを寝かしつけながら寝落ちできる状態ほど、幸せなことはありません。その幸せの感じを毎日味わっています。

以前は、子どもを寝かしつけたあとに起きて、残りの家事に追われていました。だから寝てくれないと無性にイライラしていました。

子どもにもわかるんですよね。自分が寝たあとにママがいなくなるって。

だから夜、私が隣にいないと、泣き出すことが多かったです。

これはよくないなと思ったので、自分も一緒に寝る気で、平日20時には家事をすべて終え、21時30分には布団に一緒に入ることにしています。

私が子どもより先に寝てしまうことも多く、子どももあきらめて（？）寝てくれます。寝相の悪さに蹴飛ばされて起こされることがたまにキズですが、毎晩8〜9時間の睡眠をとらせてもらっています。

おかげで、規則正しい生活を送ることができるようになりました。

## 自分の時間を大切にする

昔、長女が4、5カ月の頃、はじめての育児と、育児休暇中で四六時中一緒にいたこともあって、原因は忘れましたが（泣きやまないことや寝ないことが積もり積もったのかもしれません）、赤ちゃんを家に置いたまま、家の隣にある公園のブランコに乗って泣いていたことがあります。

10分ぐらいして、夫が娘をおんぶして迎えに来ましたが。

きっと夫への当てつけというか、育児の大変さをわかってもらいたかっただけだと思います。

今は日常でのストレスがないので、夫にやつあたりすることはなくなりました。

日頃ストレスを感じていると、人に感情をぶつけたり、ネットやお酒に走るなど、いろいろな方法でモヤモヤを解消しようとしてしまいがちです。

でも現実から逃げても何も改善されません。

まずは、**何をすればストレスを感じないのか、心から楽しめるのかを、自分と向き合っ**

て知ることが大切だと思います。

私の場合、自分が何をすればテンションが上がるかを知っているので、日常に自分のやりたいことをとり入れるようにしています。

朝ごはんで自分の食べたいものを食べたり、会社帰りに10分だけウインドーショッピングをしたり、いつもほどよく息抜きができるようになったので、そこまでストレスがたまることはありません。

ただ、これは私の例であって、みなさんに必ずしもあてはまるとは言いきれません。

自分ではがんばっているつもりがなくても、1日動いていれば、知らず知らずのうちに疲れているものです。

毎日できる自分なりの気分転換法が見つかるといいですね。

夜、ぽっかり時間が空いたときの読書もリセットの時間。

# 家族の仕事を減らさない

## なんでもひとりでやろうとしていませんか？

人に頼ることは、とてもいいことだと思っています。それは仕事を通して学びました。人には向き不向きがあって、補い合いながらチームを組んで仕事をすると、ひとりでやったときより、ものすごくいいものができあがるのです。

ひとりで全部やるほうが、コミュニケーションをとらなくていいぶん、早くできる仕事もあります。「教える」という行為は時間と忍耐を要しますし……。

でも、ひとりでなんでもかんでも抱え込んだら、いつか絶対キャパオーバーになる日がやってきます。

家庭も仕事と同じで、子育てという同じ目標に向かうチームだと思っています。

だから、できることから少しずつ、積極的に任せられる「環境作り」に励んでいます。

主婦なら誰しも、「なんで私ばっかりやらなきゃいけないのよっ！」とイライラした経験をお持ちではないでしょうか。

でもよく考えてみると、洗いものがごっそりたまっていても、部屋の隅にホコリがたまっていても、洗濯物が2日ぐらい干しっぱなしになっていても、死にはしません。

ただ、部屋が荒れているときは、心も荒れてるんですよね。そうすると自分のイライラが家族に伝染してしまって悪循環。

忙しさを理由に家事をためると、気持ちよく暮らせないなぁと感じます。

だから、やるべきことをやれる人がする仕組みを作るように心がけています。

## 子どもや夫に家事を分担してもらう工夫

私は基本的に家事が苦手なので、やらなくていいようにとか、なるべく最小限で動けるように、という工夫を暮らしの中にちりばめています。

たとえば、これまで何度も紹介してきた朝ごはんのワンプレート。1枚にすると、ごちそうさまをしたあと、一回でお皿を下げられるので、子どもが自らお皿をシンクまで運んでくれます。

床にものを置かないようにすると、5分もかからずに家中の掃除機がけが終わります。そしてものがない部屋＋コードレス掃除機で手軽にはじめられるからか、夫も気がついたときに掃除機がけをしてくれます。

本当に、ちょっとした工夫を暮らしの中にとり入れるだけで、今まで抱えていたやらなきゃいけないことだらけの日常から解放されるのです。

子どもや夫に手伝ってもらえるレベルまでシンプルで簡単な「家事」にしてしまえば、ひとりですべてを抱え込まなくて済むんだと思います。

## もたつくことがあっても黙って見守る

家族の協力を得るために大切なポイントはただ1つ！「待つ」という行為。

黙って遠くから見守ることができれば、半分以上はクリアしたようなもの。だいたい待てなかったり、「あー、そのやり方違う」など、終わる前に口を出してしまったり。結果、家族のやる気はあっという間に萎えてしまいます。

ときには、できないフリをしてみるのも効果的だと思います。できる主婦は、行動が家族の誰よりも一歩早いんです。だから、「やろうと思っていたけど、ママが先にやりはじめたから、まぁいいや」と思っている旦那様や子どもたちは多いはず。

たとえば、外食時にサラダをとり分けるのは必ずママというご家庭。少し待ってみてください。

きっとお腹を空かせた旦那様

餃子作りもひとりでやらずに家族みんなで。楽しいし、食の大切さも教えられるし、いいことだらけです。

がトングを手にするはず（笑）。

ひとりで完璧にやろうなんて思わなくていいのです。

ママの仕事は、家族に協力してもらえるようなシンプルでわかりやすい仕組み作りなんじゃないかなと思います。

## 夫婦関係にも気遣いが必要

わが家では、子どもの宿題をみたり、翌日の学校の準備などは、夫に全部任せています。家事なら自分のペースでできますが、子ども相手の作業は時間がかかるので、夫にやってもらえると、とてもラクなのです。

子どもの前では、いつも夫のことを持ち上げて、「パパはすごいね～」「ママわからないから、パパに聞いたほうがいいよ」などと言って、自分の負担を減らしています。

だから、夫が早く帰宅した日は、素直に「ありがとう！」と思います。

夫婦間でカチンとくることがあったときは、その場が一番うまい形で収まる最短距離を選んで対応するようにしています。

自分の気持ちを発したら、自分ははけ口があって気持ちいいかもしれません。でも、相手はいやな気分になって、結果的に状況がさらに面倒くさくなります。

自分が思いとどまることで、その場がうまく収まるなら、**自分が折れる。**ちなみに私はすぐ謝ります。たまに夫から「本当にわかってる？」と突っ込まれることがたまにキズ。

所詮、夫婦は他人なので、そういう自分の気持ちを抑える気遣いがないと、いい関係は保てません。

家族だからと甘えすぎず、お互いに気遣う配慮をもって過ごせば、いい関係でい続けられるように思います。

自分が疲れているときは、夫に素直に伝えて助けを借ります。料理を手伝ってもらったり、お皿を洗ってもらうことも。とりあえず伝えておいたほうが、結果的にいろいろと協力してもらえていいと思います。

# 人と自分を比べない

## SNSをやめて得た解放感

「幸せ」ってなんでしょう？　たぶん人それぞれだと思うんです。

高級ホテルで優雅にアフタヌーンティーを楽しむことが幸せな人もいると思うし、子どもと原っぱで寝そべることが幸せな人もいます。

人が幸せだと感じることが、自分の幸せとは限らないと思っています。

現代社会ではSNSという便利な手段があるがゆえ、知人の行動が自然と目に入ってきてしまいます。テーマパークに行ったとか、旅行に行ったとか。大体イベントのときにUPする方が多いので、いいなぁと少なからず羨むことになります。

日本全体としては、それで経済効果が生まれるかもしれませんが、それが自分を苦しめているとしたら、少し距離を置いてもいいのかもしれません。

私も数年前まではｍｉｘｉやＦａｃｅｂｏｏｋをやっていました。

でも、遠い知人に自分のことを発信して「いいね！」をもらって、逆に義理で「いいね！」を返して……。

それって本当に「幸せ」か？を考えたとき、今の自分は〝違う〟と言いきれたので、すっぱり辞めることができました。

今は、直接連絡のとれるリアル知人と、必要なときに情報交換しています。

遠い知人と一切の連絡を絶ったことで困ったことは一回もなく、気の合う友達と〝会って話す〟方法で十分「幸せ」を感じられるということがわかりました。

情報が溢れる社会だからこそ、自分でうまくコントロールしないといけないんだなと痛感しました。

その甲斐あってか、スマホを見る時間はぐんと減り、自分の時間が増えたなぁと感じます。こうして原稿を書く時間ができたり、インプットするために本を読んだり。

「いいね！」をする時間を自分の時間にできたからこそ、人生変われた気さえしています。

もし、SNSを見ている時間に「幸せ」を感じない人は、その時間をもっと自分のためになる時間に費やせたら、忙しい毎日から解放されるかもしれません。

## 「私の幸せ」を追求していきたい

子どもがいると、他の子や他の親と比べて、悩んだり焦ったりすることが少なからずあると思います。うちの子はオムツがとれるのが遅いなとか、隣の家の子はピアノを習わせているみたいとか。

でも、子どもによって成長スピードは違いますし、子育てで何を大切にしたいのかは親それぞれです。

以前、私の母が私と弟のことを「いろいろあったけれど、結果的にいい子どもに育ってくれて、今お母さんは幸せだ」と言ってくれました。

それを聞いて、**母本人が「いい」と思えたら、たぶん親としてはそれが子育ての成功な**

んじゃないかなと思いました。

親孝行をしてきたという意識はないけれど、親にお金を借りるといったこともなく、大学を卒業してからずっと同じ仕事を続けていることなどを思い返してみると、「自立する力」「継続する力」を自然と教えてくれていたんだと感じます。

うちの母がやっていたことを私も子どもにしていけば、そんなに道は外れないいんじゃないかと思って、今は子育てしています。

人のことが気になったり、不安になってしまうことがあるかもしれません。

でも、自分の考えをしっかり持っていれば、人に流されずにいられます。この〝自分軸〟を持つことが、今よりもっとラクに、豊かな気持ちで暮らせる秘訣のような気がしています。

娘には、将来ママになったときに役立つようなことを暮らしを通して教えていけたらと思っています。手作り料理や裁縫などをしていた母の姿を見せておくことで、将来お金や家などの財産とは別に、暮らしの根本となるものを残してあげたいなと思っています。

マキ

東京都在住。シンプルライフ研究家。広告代理店勤務のワーキングマザー。3歳と8歳の娘、夫の4人暮らし。
ブログ「エコナセイカツ」では、不要なものは持たない、不要な家事はやらない、日々のシンプルな暮らしぶりを紹介している。月間ブログアクセス数約130万PV。著書『持たない ていねいな暮らし』（すばる舎）は6万部のヒットとなる。ほかに、『少しの工夫でおいしい毎日 エコな生活』（KADOKAWA）がある。

エコナセイカツ ブログ
http://econaseikatsu.hatenadiary.com/



撮影 ● 林 ひろし Forest inc.
イラスト ● カトウミナエ
ブックデザイン ● albireo
写真提供 ● マキ


# しない家事


2016年 7 月27日 第1刷発行
2016年 8 月 7 日 第3刷発行

著 者 マキ

発行者 徳留 慶太郎

発行所 株式会社すばる舎
〒170-0013東京都豊島区東池袋3-9-7東池袋織本ビル
TEL 03-3981-8651（代表） 03-3981-0767（営業部直通）
FAX 03-3981-8638
URL http://www.subarusya.jp/
振替 00140-7-116563

印 刷 シナノ印刷株式会社

落丁・乱丁本はおとり替えいたします



ISBN978-4-7991-0539-9